10초 내에 승부하라

10초 내에 승부하라

| 전경일 지음 |

매일경제신문사

들어가는 말

10초 내에 승부하라

왜 '10초 내 승부'인가? 여기 그 해답이 있다.

사람들은 아무리 중요한 사안이라고 할지라도 실제 결정을 내리는 데 10초 이상 쓰지 않는다. 판단을 위한 주요 데이터가 머릿속에 있어도(때론 엄청난 분량의 서류 속에 있어도) 결정 시간이 임박해 오면 결국 모든 데이터는 무시되고 직관적으로 결정을 내리게 된다. 이때 딱 10초가 걸린다. 나머지 요소들은 부수적인 장치에 불과하다.

마치 30초 내 승부가 나는 TV 광고처럼 인사 담당자의 손에 들어간 이력서는 10초 내 승부가 난다. 그들은 놀랍게도 '쓱 보면 안다.'

TV 광고와 이력서의 공통점은 둘 다 세일즈라는 기본 목표에서 출발한다는 것이다. 두 가지 모두 보는 이에게 어필해야 한다.

이 책에서 얘기하는 잡 마켓(job market)에는 구직자-헤드헌터-인사담당자-구인자 같은 이해 관계자들이 있다. 이들은 1페이지 경력 제안서(앞으로 우리는 '이력서'라는 용어 대신 '경력 제안서'라는 용어를 쓰게 될 것이다. 물론 편의를 위해 당분간 '이력서'라는 용어도 책 속에서 병용하겠다)를 중심으로 다채로운 생태계를 구성한다.

이 서류를 통해 이해 당사자들은 인적 자원을 사고팔며, 고용과 피고용의 관계를 설정하고, 사람을 뽑아 사업을 확장·강화하는 데 쓴다. 따라서 성공적인 매매 성사를 위해 당신은 10초 내 누군가의 주의를 끌 필요가 있다.

그뿐만이 아니다.

1페이지 이력서에 담긴 의미는 결코 단순하지 않다. 이 1페이지 서류에는 세상을 살아온 당신의 치열한 삶의 발자취가 흐른다. 땀과 노력도 배어 있다. 또 당신의 굳건한 어깨와 당찬 출발도 엿보인다. 과거를 바탕으로 한 미래형 출사표이기도 하다.

그런 까닭에 이력서는 '지금까지 밟아 온 기록'만이 아니라, 자기를 계발하고 잡 마켓에 자기의 능력, 경쟁력, 희소가치 등을 제시하는 '경력 제안서'인 것이다. 이처럼 1페이지 이력서는 한 쪽짜리 개인 성장사이기도 하면서, 동시에 나를 프리젠트(who I am)하는 경력 제안서이기도 하다.

이 책은 당신의 경력을 좀더 잘 다듬고, 세련되게 하기 위해 마련된 안내서이다. 물론, 가장 현실적이게 '경력 제안서를 잘 만드는 방법'도 포함되어 있다. 이 책을 읽는 동안 당신은 자신의 가치를 향상시키는 방법을 알게 될 것이다. 그런 점에서 자기 경력 관리를 하려는 당신에게 도움이 될 수 있을 것이다.

세상을 살아가는 것은 결국 자기 몫이다. 고유한 자기 역할이 이 한 장의 서류에 잘 비치도록 하는 건 전적으로 당신의 능력에 달려 있다. 결국 모든 삶은 자신을 제대로 들여다보려는 시도이니까.

전경일 ㅣ 경영·커리어 컨설턴트

차례

1 세상의 모든 '일자리'는 비어 있다

모든 이력서의 주제는 '나'다

당신은 언제쯤 이력서를 써 보았는가? 고등학교 졸업 후 취업을 위해? 대졸 출신이라면 4학년 무렵 취직을 위해? 전직 희망자라면 현 직장에서 이런저런 이유로? 실직자라면 새로운 직장을 찾기 위해?

이 책을 읽는 대부분의 사람들은 이력서를 한 번 정도는 써 보았을 것이다. 아니면, 앞으로 조만간 쓰게 될 사람들이다. 또 특별한 이유가 없는 한, 쓸 수밖에 없다.

그렇다면 회사의 오너거나, 사회 경력과 무관한 사람들은 이력서를 쓰지 않아도 되는 것일까? 물론 그렇지 않다. 그들도 나름대로 이력서를 쓴다. 우리 모두는 어떤 식으로든 자신에 대한 기록으로부터 자유스럽지 못하다. 세상이 다양한 것은 이력서를 쓰는 이유가 그만큼 다양해진 것과도 상관이 있다. 직업의 숫자, 경력의 종류만큼 그와 관련된 사업 영역이 있고, 회사가 있으며, 구인-구직 행위가 일어난다.

이것은 매우 놀라운 일이다. 직업 전문 연구가들에 따르면 지구상에는 대략 3만여 종의 직업이 있다고 한다. 만일 당신이 남성이라면 당신의 턱에 난 수염 개수와 같다고나 할까. 3만 개의 직업 수만큼이나 하는 일도 다양하다.

직업은 진화를 거듭해 왔다. 직업이 시대와 사회의 산물이듯, 모든 직업은 환경에 맞춰 진화해 왔다. 지금은 더 이상 굴뚝 청소부라는 직업은 찾아내기 어렵다. 그러나 이러한 직업은 빌딩 청소 대행업의 형태로 발전해 왔다. 예전에 어느 마을에서든 가장 파워풀한 직업이었던 '대장장이'는 이미 소멸했다. 산업화와 자동화에 밀려 소멸의 끝에까지 온 직업들이 한둘이 아니다. 그러나 프라이빗 뱅커, 건강상담가, 애완견 조련사, 프로 게이머, 경영 컨설턴트 등의 직업은 새로이 생겨나거나, 부상하고 있는 신종 직업들이다. 모든 진화의 원리 위에 당신이 있듯, 직업도 있다.

그렇다면 직업이란 무엇인가? 여기에 매우 간결한 용어 정리가 있다.

"당신이 무엇을 하며 경제 활동을 하는가?" 이것이 '직업'이다. 직업이 시간을 통해 사회성과 전문성을 갖게 될 때, 그것을 '경력'이라고 부른다.

우리가 이처럼 직업의 사회성과 전문성을 얘기하는 것은 단순한 이유 때문이다. 당신이 지금 어디에 있나, 무엇을 해서 먹고 사나 하는 바로 그런 문제를 생각해 보기 위해서다. 사회적이고 경제적인 위치에서의 '나'를 찾기 위해서다.

그렇기 때문에 모든 이력서의 주제는 자기 자신이다. 나의 생존 조건을 1페이지 서류를 통해 점검하기 위해 당신은 지금 이력을 완성해 나가는 것이다. 이전의 자기 이력을 아는 것은 그런 까닭에 앞으로의 경력 개선을 위해 무엇보다도 중요하다.

이제 당신은 '직업(job) DNA 지도(map)'를 만들 필요가 있다. 모든 이력서가 이전에 있었던 일을 기록하는 것은 그것이 개인사를 기록하는 매우 특별한 서류이기 때문이다. 그러나 가만히 살펴보면 어떤 이력서도 과거만을 얘기하지 않는다. 그 속에는 내가 누군지, 나의 능력이 얼마나 되는지, 내가 얼마나 인적 시장에 팔릴 만한 가치를 지니고 있는지를 잘 드러내 준다. 더불어 나의 미래가 어떻게 될지도 가늠해 보게 한다.

흔히 이력서는 자신이 지금까지 밟아 온 행적만을 열거하는 게 다반사다. 어느 누구도 미래형 이력서를 써 본 적이 없다(그것은 종종 '계획서'라는 형태로 씌어진다). 기업체에 입사하면 자신이 하고 싶은 일, 꿈꾸는 바를 무의식의 지도(나무 모양의 자기 실현적 지도)에 그려 보라고 하는 것은 미래형 자기 이력서를 써 보라는 말과 다르지 않다. 우리는 입사한 다음에야 그런 시도를 해볼 수 있었다. 이것이 우리의 과거 이력서였다.

언제 학교를 졸업하고, 입사했는지, 또 이직했는지 등등을 기술한다. 또 해당 분야의 '경력'이라는 이름으로 '내가 그동안 해온 일이 무엇이고, 어떤 경력을 통해 어떤 경쟁력을 갖추고 있는지'에 대해 서술한다. 좀더 잘 보이고, 설득력을 얻을 수 있도록 말이다.

누구나 1페이지 서류에 자신의 강점을 부각시키려고 애쓴다. 모든 이력서의 특징이 그렇다. 그러나 지금은 자기 PR시대. 좀더 정교하고 치밀하게 자기를 알릴 필요가 있다. 당신이 정규 교육 과정이라는 매우 길고 긴 시간('대졸'까지 16년) 동안 투자해 오고, 사회생활을 해온 사람이라면, 그건 자기 투자가 있었기에 가능했다. 이렇듯 막대한 투자를 통해 만들어진 자신을 제대로 세일즈하는 일은 무엇보다도 중요하다. 1페이지 이력서를 매우 중요하게 생각하는 이유가 이 때문이다.

자기 이력서에 물어보라. 내가 누구인지.

모든 이력서의 주제는 '나'다. 거기에는 '내'가 내 삶을 이끄는 주인임을 알게 해주는 요소들이 들어 있다. 주제를 흐릿하게 하지 마라. 명확하게 전달하고 싶은 바를 알리는 것만큼 강한 소구력은 없다. 자기 자신을 가장 잘 알고, 가장 효과적인 방법으로 알리는 것이 성공적인 자기 관리, 자기 경영의 출발점이다. 당신의 이력서는 바로 이 점을 구체적이며, 사실적으로 보여주어야 한다.

| 경력 제안서 체크 포인트 |

- 모든 이력서의 주제는 자기 자신이다. 그것은 바로 자기 삶의 궤적을 의미한다.
- 이력서는 지나온 세월에 대한 것만을 서술한다. 과거형이다. 그뿐일까? 아니다. 이전을 알면 앞날이 보인다. 이 서류에는 과거와 현재, 미래가 공존하고 있다. 앞날이 엿보인다. 당신은 이 1페이지를 통해 지금 미래를 살아가고 있는 것이다.
- 이력서 한 장에는 살아온 날들, 배경, 당신의 지적 수준, 건전성, 투지, 세상과의 조화로운 정도나 갈등 등등 자신의 모든 것이 들어 있다. 당신이 누구인지를 보여주어라. 당신은 충분히 채용될 권리가 있다.

이력서는 '관련성'의 서류다

이력서에 담겨 있는 내용은 당신이 얼마나 세상과 닿아 있는지를 잘 보여준다. 모든 경력과 자기 능력 그리고 배경, 취직이나 이직·전직의 이유, 삶에 대한 태도 등 이력서는 그 안에 담긴 내용과 그 너머의 것에 이르기까지 모든 사항이 관련되어 있다. 자신이 살아온 인생과 사회생활이 어느 한 지점에서 맞닿아 있는 매우 '관련성' 있는 서류다.

이력서는 구인하는 상대의 입장에서 봤을 때에도 채용 여부에 대한 결정과 관련되어 있는 매우 중요한 서류임에 틀림없다. 오죽했으면, '인사 서식 제1호'라고 명명되었겠는가!

인사 담당자는 이력서를 통해 지원자가 회사가 요구하는 경력과 자격을 갖추고 있는지를 단번에 알아보고자 한다. '10초 내'란 말은 바로 그 때문에 나온 것이다. 이력서를 보는 목적은 당연히 '쓸 만한 사람'을 골라 내기 위해서다. 당연히 '쓸 만한 사람'이다. '쓰지 못할 사람'이 아니라는 것을 분명히 알자.

이런 사실은 예나 지금이나 변함없다. 상대방이 당신의 이력서를 검토하는 입장에 놓여 있는 한, 당신은 그 회사에 부합하는 자신의 장점을 찾아내 그 점을 강조해야 한다. 회사가 요구하는 사람이 어떤 사람인지 정확하게 파악하고 이를 간명하게 기술함으로써 회사가 요구하는 경력에 슬기롭게 대응해 나가는 것이다. 지원하는 회사가 필요로 하는 실무 능력과 경험을 1페이지 서류에 성공적으로 압축해 넣는 것이다.

따라서 지원 회사에 대한 조사 분석이 선행되어야 함은 물론이다. 요즘 흔히 하는 얘기로 들어가고자 하는 회사에 대한 사전 조사를 뜻하는 '입사 프로젝트'를 수행해야 한다. 더불어 현재까지의 경험을 기술함으로써 상대에게 자신이 적임자이며, 충분히 그 일을 해낼 수 있다는 능력을 예측케 해야 한다.

이처럼 한 장의 이력서에 나타난 모든 내용은 세상살이와 관련되어 있다. 이력서가 그 어떤 서류보다도 중요한 이유는 바로 그 때문이다. 한 장의 이력서를 쓴다는 것은 자신과 진정한 관련성을 맺는 것으로 바로 자기가 삶의 주인이며, 개척자라는 매우 뚜렷한 메시지를 드러내 준다. 자기 삶에 대한 확신은 자신과 진정한 관련성을 맺는 것으로 나타난다.

| 경력 제안서 체크 포인트 |

• 모든 '입사 프로젝트'는 '자기 경영 프로젝트'와 맞닿아 있다. 이 말은 자신의 이력서를 관련성의 서류로 만들어 가려는 노력을 삶의 현장에서 계속 실천해 나가야 한다는 것을 뜻한다.

• 성공적인 이력서는 단지 취직을 위한 서류만을 뜻하지 않는다. 그것은 자신의 사회생활이 매우 성공적이었음을 보여주는 거울이기도 하다. 그 거울에는 반드시 개선하고 채워 나가야 할 자기의 앞뒷면이 그대로 보인다.

'비어 있는 자리'가 없다?

"사실상 세상의 모든 일자리는 비어 있다." 이 선언적 구호는 사실이다. 당신이 안정적인 직장을 찾고 있다면, 지금 당장 이 분명한 사실을 다시 인식해야 한다. 현재의 직장이 안정적으로 보일지라도 이러한 사실을 잊지 마라. 세상 모든 일자리는 다 차 있는 것 같아 보여도 사실상 다 비어 있다. 착시현상에 빠져서는 곤란하다.

어디를 둘러보아도 비어 있는 자리다. 심지어는 대통령 자리도 비어 있다. 당신도 5년 후에는 그 자리에 도전할 수 있지 않은가?

모든 '채워져 있는 자리'는 '비어 있는 자리'를 만들어 내는 선순환 구조에서 결코 벗어날 수 없다. '자리'는 채워지고 비워지면서 진화와 대체의 과정을 겪는다. 당신이 사회생활에 뛰어들었다는 얘기는 바로 이전에 누군가에 의해 채워졌던 바로 그 자리를 비우게 하고, 당신이 들어가는 것을 의미한다. 이 점은 생물체가 오랫동안 반복해 온 생존과 번식을 위한 끈질긴 진화의 과정과 많이 닮아 있다.

가장 현대적인 직장도 야생의 본능을 버리지 못한다. 취직과 해고(또는 퇴직)의 사이클은 이런 사실을 입증하고 남는다. 직장 내 밀어 내기는 지금도 갈라파고스 섬에서 벌어지고 있는 각축과 전혀 다르지 않다. 그곳의 고대 파충류인 이구아나는 지금도 따뜻한 일광욕 자리를 차지하기 위해 바위 위에서 다투고 있으며, 힘에 부친 파충류들은 계속해서 파도 밑으로 떨어지고 있다. 이런 무한 경쟁은 결코 멈추지 않는다. 가장 탁월했고, 존경받았으며, 무소불위의 힘과 권력을 가진 당신이어도 그 자리는 반드시 어느 누군가에 의해 대체될 운명에 놓여 있다. 당신이 어딘가에 제출하는 이력서에는 변치 않는 하나의 원리, 즉 '대체(replacement)'의 원칙이 숨어 있음을 알아야 한다.

세상에 대체되지 않을 자리가 있는가?

결론부터 말하자면, 없다! 지금의 당신보다 누군가 더 잘할 수만 있다면(누군가에게 그런 확신만 든다면), 그 자리는 반드시 비워지게 되어 있다. 당신이 차지하고 있던 자리는 곧 바뀌지고, 새로운 사람들이 들어선다.

과거에는 이런 절차가 좀 복잡하고 어려웠었다. '평생 직장'이란 말이 그것을 상징한다. 하지만 이젠 고용 관계의 패러다임이 완전히 변했다. 패러다임의 전환이 의미하는 바는 바로 '관계'의 재인식에 있다. 이제 기업과 당신은 단지 '동거'할 뿐이다. 서로 탐색하고, 뽑아 낸다. 즐기고, 서로를 향유하다가 때가 되면 미련 없이 헤어져야 한다. 정분을 나누는 파트너 관계에서 하룻밤이 짧다고 불평할 필요란 하등에 없다.

'사람'이 필요해 채워졌던 자리는 언젠가 사람이 남아돌아서 비워져야 할 운명에 놓인다. 성공적인 직장 생활은 그 자리가 비워졌을 때 들어갔다가, 비워져야 할 때 잘 나오는 것이다.

오늘날 인사 담당자들은 관리자의 전형을 이룬다. 회사와 직원 간의 관계에 대해 그들은 명쾌한 답변을 해준다.

그들의 말에 따르면, 인건비를 포함해 기업 투자 비용의 10배 (매출 기준)를 개인이 창출할 수 있어야 '관계'는 유지될 수 있다. 그 관계란 물론 고용과 피고용의 관계다.

왜 10배인가? 그들의 말에 의하면 사무직의 경우 2평 정도 차지하는 책상과 의자가 놓인 공간을 월임대료와 보증금 그리고 이자를 계산해 합산하고, 그외 광열비, 냉방비, 소모품비, 교육비, 4대보험, 각종 복지혜택, 기회비용 등등을 따지면 기업이 개인에게 지불하는 비용(이를 '투자'로 인식하는 기업은 여전히 선

진적인 기업에 해당된다!)은 연봉의 1.5배 이상이나 된다는 것이다. 예를 들어 3000만 원을 받는 연봉 수령자에 대해 회사는 적어도 그에게 4500만 원 정도를 투자한다는 것이다. 따라서 대략 매출 기준 4억 5000만 원을 벌어 줄 때, 최소한의 관계 지속 조건이 유지된다. 그것도 보통 경상 이익이 10% 이상 되는 조건하에서의 얘기다.

만일 현재 다니고 있는 회사에 이 정도 기여를 해주고 있지 못하다면, 당신이 앉아 있는 그 자리는 곧바로 비워지게 될 것이다. 책상을 치우지 않는 그들의 결정이 합리적이었다는 것을 당신은 입증해 줄 수 있어야 한다. 그럴 때, 21세기 잡 마켓에서 직장인의 자리는 유지된다.

당신이 지금 이력서를 들고 이리저리 뛰고 있다면, 물리칠 수 있는 갈라파고스의 이구아나들은 어디든지 있다. 다시 말해 진화를 거부한 이구아나들을 파도 밑으로 떨어뜨리고 당신은 얼마든지 그 자리를 차지할 수 있다는 얘기다. 좀 살벌한가?

지금 인사 공고를 내는 회사의 경영층들과 인사 담당자들은 바로 그런 작업을 서슴지 않고 수행하고 있는 셈이다. 물론 경우에 따라서는 '사업 확장'으로 채용 공고를 하기도 한다. 그러나 세상의 일자리 수는 갑자기 변하지 않는다. 당신은 결국 햇볕이 내리쬐는 바위 위의 다른 이구아나들을 상대로 절박하게 싸움을 하는 것이다.

- '사실상 모든 일자리는 비어 있다.' 이것이야말로 당신이 알아야 할 새로운 사실이다. 이런 사실은 결코 변하지 않는다.

- 가장 현대적인 직장도 야생의 본능을 버리지 못한다. 그것은 채우고, 비우는 일련의 메커니즘과 같다. 경쟁은 결코 멈추지 않는다. 당신의 이력서는 바로 당신이 경쟁 속으로 뛰어들고 있다는 것을 의미한다.

- 회사와 직원 간의 관계는 계약 결혼이다. 슬기롭게 정을 붙여라. 상대가 흥미를 잃으면 관계는 시들해진다. 버림받기 전에 떠나는 성공적인 자기 경영의 대안을 찾아라.

- 당신의 이력서는 당신이 회사에 10배를 벌어 줄 수 있다는 것을 명확하게 제시할 때 채택된다. 작은 급여에 불만스럽다면 앞서 계산법을 관리팀장에게 물어보고, 스스로 계산해 보라. 답을 알았거든, 자리에 가서 조용히 앉든지 뛰쳐나오든지 혁명을 위한 계획을 짜라.

어느 누구의 이력서든 훌륭하다

어떤 이력서가 훌륭할까? 뛰어난 학력, 경력, 자격을 갖추고 있는 이력서일까? 그렇지 않다. 가장 훌륭한 이력서는 취직하는 데 가장 '적합'한 이력서다. 물론 결과적으로 성공한 이력서가 여기에 해당된다. 누가 보아도 '적합성을 띤 이력', 이것이 기업에서 찾고 있는 이력서다. 구인자의 입장에서 봤을 때에도 1페이지 서류를 통해 목적했던 삶을 성취해 냈다면 그보다 훌륭한 이력서는 없다.

어느 누구의 이력서든 생활이 묻어 있고, 가슴 뭉클한 감동을 자아내기에 충분하다. 누구나 세상을 살아오면서 풍화된다. 모두들 자기 모습대로 훌륭하게 적응해 오고 있다. 역설적으로 세상의 모든 이력서는 무너지기 위해 쌓아올리는 탑과 같다. 당신이 처음 쓴 이력서의 순수함은 시간과 함께 허물어져 간다. 그러나 그 서류에 무너지지 않는 것이 있다면, 그것은 바로 삶을 바라보는 태도다. 삶에 대한 경건함이다. 그것은 최소한 이력서를 써 나가는 사람들의 자신에 대한 예의이기도 하다.

물론 세상살이가 다 그렇다 보니, 자기 이력서의 어떤 부분에서는 발을 철벅거리며 걸어야 하는 때도 있을 것이다. 그러나 그 단계가 지나쳐 거기서 빠져나오지 못하게 된다면, 그것은 성공적인 이력과 전혀 관련이 없게 된다. 오늘 이력서를 쓰는 당신은 바로 이 점을 명심해야 한다. 잊지 마라. 인사 담당자들은 당신이 얼마나 질펀거릴 수 있는지 그것마저도 볼 줄 아는 눈을 가지고 있다.

누구에게나 삶에는 두 가지 방식이 있다고 본다. 하나는 성숙함이 삶을 마무리 짓는 방식과 다른 하나는 미숙함이 삶을 끝내게 하는 것이다. 당신은 어떤 이력을 가질 것인가? 그것은 전적으로 당신의 마음에 달려 있다.

많은 부고(訃告)의 이력들은 신문에 인쇄되는 것과 동시에 사람들의 마음속에 비석을 심는다. 거기에 실린 내용은 하나같이 권위와 허세와 장식뿐이다. 그러나 당신은 한 그루의 사과나무를 심는 마음으로 이력서를 써야 한다. 생명과 근면, 자아 성찰과

후세에 남길 수 있는 풍요로움의 나무를 심어라. 당신이 한 줄 한 줄 써나가는 이력서는 바로 그런 내용으로 가득 차야 한다. 그것이야말로 가장 멋진 이력서다. 풍요로운 마음과 더불어 살아가는 자기 삶의 이력서, 얼마나 아름다운가! 모든 사람의 이력서는 다 훌륭하다. 왜냐하면 거기에는 진한 삶의 감동이 배어 있기 때문이다.

| 경력 제안서 체크 포인트 |

• 가장 훌륭한 이력서는 취직을 이루어 내는 것이다. 그러나 그보다 더 훌륭한 이력서는 삶을 성공적으로 이끄는 이력서이다. 거기에는 분명 마음의 풍요가 있다.

• 1페이지 이력서가 담고 있는 의미는 무궁무진하다. 그것은 생활의 문제를 해결해 주는 서류이며, 동시에 생활인을 생활인답게 만들어 주는 문서이기도 하다. 또한 삶을 지켜 내는 모범답안이기도 하다. 그런 의미에서 이력서는 자기 삶을 써 내려가는 것이다. 사실은 어떻게 살아가느냐가 자기 이력서의 내용을 이룬다.

• 세상을 사는 '진짜 바보들'이 가장 훌륭한 이력서를 만든다. 우리 모두의 이력은 쌓이고 쌓여 역사를 이루며 다음 세대의 구조를 만든다. 당신은 바로 지금 그런 이력서를 쓰고 있는 것이다.

• 사람들의 마음에 비석을 남기는 이력서를 쓰지 말고 생명의 사과나무를 심는 이력서를 남겨라. 이력서는 구직뿐만 아니라 구세(救世)의 마력도 가지고 있다.

2 이력서는 성공 제안서다

10초, 드리겠습니다

사업 제안서를 설명할 때 상대방이 엘리베이터를 타고 내리는 바로 그 시간 내 설명을 끝내고, 상대방에게서 "다음에 자세히 얘기해 달라"는 답변을 얻어 내지 못한다면, 그 프리젠테이션(presentation)은 실패한 것이라는 얘기가 있다. 이것을 '엘리베이터 프리젠테이션'이라고 한다. 우리는 30층 높이의 건물에서 당신이 프리젠테이션하는 상대방이 25층쯤에서 내린다고 생각하고 시간을 재어 보았다. 도중에 문이 열리지 않을 때 35초가 걸렸다. 결국 사업 제안서는 35초 내 승부를 거는 프리젠테이션이다.

그렇다면 인사 담당자의 손에 들린 당신의 이력서는? 단 10초밖에 주어지지 않는다. 더구나 당신은 그의 궁둥이는 고사하고 낯짝도 구경할 수 없다. 그들은 '쓱' 보고 '휙' 던진다. 상대방은 1페이지로 당신을 평가한다. 이력서는 인사 담당자와 당신이 서로를 물 수 있도록 고안된 미끼. 그가 인내심이 있을 것이라고 생각하면 그것은 완벽한 오산이다. 대신, 뭔가 꽉 물게 만들어 놓기만 하면 당신은 그를 잡아당길 수 있다.

10초에서 단 1초라도 더 인사 담당자의 눈을 당신의 이력서에 머물게 하면 일단은 성공인 셈이다. 명심해야 할 점은 상대방은 이 세상에서 제일 바쁘다는 것이다. 그는 다른 지원자의 이력서를 보고 있거나, 인사 보고서를 작성하고 있고, 점심 약속을 점검하거나, 잡다한 회의 자료 준비 등으로 너무도 바쁘다. 그런 '짬'에 그는 당신의 이력서를 '시간 내서' 보고 있는 것이다. 그 시간의 틈새에 정확하게 1페이지 서류가 꽂히게 하려면, 적어도 당신의 이력서는 1만원권 지폐와 같은 마력을 지니고 있어야 한다.

당신의 이력서에 마력을 불어넣어라.

그러기 위해서는 우선, 회사에서 이력서를 제출하라고 하는 이유를 제대로 알아야 한다. 인사 담당자는 지원자가 어떤 사람이며, 능력이 어느 정도나 되는지를 알고 싶어한다. 따라서 상대방이 원하는 내용에 맞게 작성되어야 하는 것은 가장 기본적인 요소이다. 다시 말해 정답이라는 것이 분명히 있다는 말이다. 그 정답을 인사 담당자는 바쁜 시간에 알맞게 간결하고, 명확하게 확인해 보고 싶은 것이다. 그들은 이력서만큼이나 당신이 실제로도 그런 사람이기를 바라기 때문에 우선 서류 자체도 깔끔하고 매력적이어야 한다. 또 가볍지 않으면서도 세련되어야 한다. 처음에는 누구나 선입견에 호소한다. 하지만 그것이 부정적일 때에는 피해 나가야 한다.

따라서 당신은 그의 귀한 시간을 쓰고 있다는 사실에 감사하면서, 시간의 밀도를 높여 주어야 한다. 만일, 다음과 같이 뻔한 짓으로 장난을 치려 한다면 짜증난 그는 반드시 당신의 이력서를 그 자리에서 찢어 버리고 말 것이다.

- 이름

- 성

- 주소

이것은 출입국 신고서에나 나오는 양식이다.

다시 한 번 강조하건대 상대방은 시간이 없다. 당신은 이력서를 통해 세상에서 가장 바쁜 사람의 10초를 사는 것이다. 그가 할애하는 시간은 단 10초. 그것을 명심하자. 간결함, 명확함이 긍정적인 결정을 돕는다. 단숨에 허들을 뛰어넘지 못하는 말(馬)들은 결국 빙빙 돌다가 똥구덩이 마사로 끌려간다. 당신의 이력서도 그것과 다를 바 없다. 서류 심사에 통과하지 못하는 이력서는 휴지통으로 곧바로 직행한다. 그들은 그것을 '쓰레기'라고 부른다.

| 경력 제안서 체크 포인트 |

• 단 10초. 여기에 1초를 더 얻기 위해 노력하라. 단 1초라도 더 당신의 이력서에 그의 시선을 머물게 하면 절반은 성공이다.

• 회사에서 이력서를 제출하라고 하는 이유는 당신이 어떤 사람이며, 어떤 능력을 갖고 있는지 알고 싶기 때문이다. 회사가 원하는 내용을 표현하라. 그것이 정답이다.

• 성공적인 이력서 작성 기준에 변치 않는 원칙이 있다. 간결함, 명확성, 세련됨 같은 것이다. 이 모든 것은 인사 담당자의 시간을 절약해 줄 수 있도록 표현되어야 한다. 간결함이 성공적인 취직의 지름길이다.

당신의 이야기를 써라

당신의 이력서는 성공적인 사회생활을 위해 매우 중요한 참여 티켓이다. 세상에 뛰어들기 위한 초대장을 스스로 만들어 잠재 인바이터(invitor, 초대자)들에게 배포하는 것이다. 그런데 아직도 문방구용 이력서나 간단한 워딩 정도로 이력서가 마무리될 수 있다고 생각한다면 오산이다. 초대장은 초대받지 못하면 아무짝에도 쓸모없는 휴지조각에 불과하다.

외국의 예를 들면 주로 명문대일수록 레주메(Resume) 작성법을 별도로 가르치고 있다. 본인이 신청해서 배우면 된다. 결국 대학에서 가르치는 것은 인재를 사회로 내보내기 위한 것이고, 그렇다면 자기 능력을 제대로 포장해 제 값을 받고 사회에 나가게 하는 것만큼 큰 교육적 성과가 있을까?

국내 대학의 학생과나 취업지도과에서는 아직도 기업체로부터 T/O를 할당받거나 추천서를 써 주는 것을 취업 상담으로 착각하고 있다. 하지만 본격적인 사회생활이 시작되는 이들에게 필요한 것은 무작정 대기업에 가라거나, "여기 가서 면접 보라"는 식의 충고는 바람직하지 않다. 앞으로 자기 경력 관리는 어떻게 할 것이며, 성공적인 사회생활의 주요 사안들을 어떻게 이력서에 배치해야 하는지에 대해 가르쳐 주어야 한다.

당신이 이력서를 통해 진정 자기를 소개하고자 한다면, 당신은 스킬과 함께 용기가 필요하다. 당연히 설득력이 있어야 한다. 많은 자기소개서가 자기 소개가 아닌, 남의 소개에 급급해 한다. 마치 남과 같아지지 않아서, 남의 삶을 살지 못해서 못 견디는 것같이 보여진다. 자신만의 그 무엇이 빠져 있다.

당신의 얘기를 써라. 당신의 가장 짧고 강한 설득력 있는 얘기를. 남이 두 눈을 부릅뜨고 주목할 만한 자기 얘기를 쓰는 것이 눈길을 끈다. 지원하는 회사의 면접관이 이력서를 보고 "그런데, 이건 뭐요? 여기에 적은 이 이력은 말이요?" "왜 동티모르에 갔었던 거요?"라고 물을 수 있게끔 써라. 아니면, "이전 회사에서 영업 실적이 뛰어나셨는데 옮기려는 이유가 뭔지 알고 싶습니다. 말씀해 주시겠어요?"라고 묻게 하라. 상대방에게서 나오는 이런 질문이 당신을 면접 장소로 초대한다.

인사 담당자들이 가장 선호하는 이력서는 '잘 버린 이력서'이다. 쓰고 싶은 이야기를 다 쓴 이력서(거의 한 권의 소설 같은)가 아니라, 잘 정제된 서류다. 사실 그들은 당신의 이력이 선택과 집중의 과정을 충분히 거친 것인지를 보고자 한다.

1페이지 이력서는 당신의 이야기를 10초 내 리뷰하도록 하는 스토리 보드(story board)와 같은 역할을 한다. 말하자면 당신의 삶은 매우 질서정연하며 압축되어 있다는 것을 의미한다.

| 경력 제안서 체크 포인트 |

• 당신의 이력서는 매우 중요한 참여 티켓이다. 세상에 뛰어들기 위한 초대장을 자기 스스로 만들어 잠재 인바이터(초대자)들에게 배포하는 것이다.

• 당신의 이야기를 써라. 자신만의 그 무엇이 상대방의 눈을 확 잡아끌 수 있어야 한다. 당신의 가장 짧고 설득력 있는 얘기, 남이 두 눈을 크게 뜨고 주목할 만한 자기 얘기를 써라. 대신에 자기 이야기 중에서 긍정적 질문을 유도할 얘기를 써라.

- '잘 버린 이력서'가 성공을 불러온다. 그것이 잘 정제된 이력이며, 동시에 당신의 경력이 질서정연하다는 것을 보여준다.

성공 예감이 들도록 하라

성공 예감이 드는 이력서가 있다. 느낌이 팍팍 온다. 이런 느낌은 호감('좋은 느낌'이란 말이 아닌가!)에서 나오며, 호감은 분명 성공을 위한 하나의 장치임에 틀림없다. 1페이지 이력서에는 '사실(facts)'만 있는 게 아니다. 거기에는 다양한 형태의 느낌이 있다. 감응이 있다.

당신과 인사 담당자 또는 헤드헌터 사이에는 이런 긍정적인 감응이 일어나야 한다. 질 좋은 향기가 나도록 자신의 이력을 갈고닦아야 한다. 그래야 누구나 욕심 내는 이력서의 주인공이 될 수 있다. 아무나 스카웃 제의를 받는 것은 아니다. 아무리 작은 회사에서 받은 콜(call)이라고 할지라도, 당신이 그런 전화를 받았다는 것은 당신의 사회생활이 매우 성공적이라는 것을 의미하며, 자기 삶에 자부심을 갖게 만든다. 나는 초대받았다! 이런 느낌이 들기 시작하는 것이다. 이때 자기 삶에 긍정적인 신호가 돌기 시작한다.

직장은 그렇기 때문에 중요하다. 직장은 우리가 세상과의 관계를 설정하는 곳이다. 그런 관계 속에서 성공적인 사회생활의 키워드가 찾아진다.

이력서는 지나온 과거에 대한 히스토리(history)가 아니라, 성공

비전을 제시하는 서류다. "어디서 무슨 일을 해서 성공했다든 가, 아니면 실패를 했으나 어떻게 개선해서 극복했다"는 얘기가 설득력 있게 다가와야 한다. 공감할 만한 이력은 어디선가 흘려 보낸 시간의 기록이 아니라, 성공 예감이 드는 것이다. 이것이 진정한 자기 역사를 만든다.

성공하는 사람들의 이력에는 어려움과 좌절이 묻어 있다. 그러나 그 사람의 이력이 빛나는 것은 결국 하나의 분명한 메시지, 즉 성공을 보여주기 때문이다. 어떤 성공이든지 성공적인 이력은 과정에 있다.

신입사원들의 이력은 대체로 학교와 관련된 것에 초점을 맞출 수밖에 없다. 그러나 당신이 경력자이며, 세상 어느 분야에선가 자기 재주로 밥을 먹고살아 왔다면, 당신은 더 이상 학력만을 운운해서는 안 된다. 학력으로 보여줄 수 있는 것은 그 학교를 나온 선후배와의 관계(사실 이것은 무시할 수 없는 중요한 요소가 아닌가!)밖에 없다. 그것은 '학교에서의 일(college stuff)'이다. 더 이상 그것을 우려먹지 마라.

감을 잡아라. 더 크게 성공하는 이력은 세상 밖에 있다. 그것을 향해 당신은 뛰어가야 한다. 직장 내 동료들의 평판은 학교 동창의 그 어떤 칭찬보다도 위력적이다. 인사 담당자들은 가끔 그들에게 전화를 걸어 물어보지만, 당신의 친구들에게 전화를 걸어 물어볼 일은 거의 없다. "친구가 코 고는 습관이 있는지 알려주시겠어요?"라고 묻는 헤드헌터는 없다. 아니면 "친구와의 교우 관계는 좋았습니까?"라는 뻔한 질문으로 전화통을 붙잡고 있는 인사 담당자도 없을 것이다.

성공적인 예감을 불러일으키는 이력서에는 몇 가지 특징이 있다. 인사 담당자들이 다음과 같은 느낌을 갖게 되는 이력서라면, 그것은 성공적인 취직 제안서의 조건을 충분히 갖추고 있는 셈이다.

| 성공적인 취직의 느낌이 오는 반응들 |

- "이 사람은 자기 계발에 노력깨나 한 것 같군."
- "회사에서 제시하는 도전을 마다할 것 같아 보이지 않는데."
- "세상사에 어느 정도 지식도 있고, 관심도 있군. 세상 돌아가는 물정을 알고 있어."
- "우리 회사에 대해 좀 아는군. 최근에 해외 지사를 연 것을 어디서 들은 모양인데, 관심 좀 가지고 지켜본 것 같아."
- "책임감이 있어 보이는군. 말만 많고 그럴 사람은 아니야."
- "솔직하고, 겸손해. 거짓말할 사람 같아 보이지는 않네, 떳떳이 자기를 밝히는 것을 보면."
- "능력 있어. 뭘 하긴 한 모양이군. 이게 사실이라면 말이야."

만일 당신의 이력서를 보고 위와 같이 얘기해 주는 인사 담당자를 만나지 못했다면, 그건 그 회사와 특별한 인연이 없기 때문이라고 생각하면 된다. 상대방이 느끼게 될 이력서에 대한 성공 예감은 구체적으로 자신에 대한 느낌으로 이어진다. 그는 한 번도 본 적이 없는 당신을 1페이지 이력서를 통해 만나면서 많은 감정의 교차점을 지나게 된다. 호불호의 감정이 생긴다. 그의 이성은 감정을 통제하기만 하는 것이 아니라, 방출하기도 한다. 훌륭한 내용으로 그의 관심을 끌게 될 것이라고 판단되더라도 결코 '스킬'에 둔감하지 마라. 선물할 때에는 포장 때문에 사는 경우도 있다. 인사 문제도 그런 경우가 종종 빚어진다. 그래서 '단맛'나는 이력서가 필요하다. 무미건조하고 식상한 내용으로 시간을 끌지 말고 직접적으로 구애하라. 그럴 때 그는 당신을 한 번 더 보기라도 할 것이다.

그리고 한 가지 더 명심할 것이 있다. 그는 고용주가 아니다. 이 말은 크게 두 가지 의미로 해석된다.

- 그는 고용주보다도 더 빡빡하다.
- 그는 자신이 고용주인 줄 착각한다.

당신에게는 그의 '거절'을 바꿀 재주란 없다. 있다면 한 가지. 그가 당신에게 좋은 느낌을 갖도록 처음부터 호감 장치를 마련하는 것이다(그런 방법은 이 책 뒷부분에서 이력서를 직접 써가며 다루게 될 것이다). 그것이 고용주인 체하는 그를 위한 최소한의 예의, 곧 '아첨'인 것이다.

| 경력 제안서 체크 포인트 |

- 성공적인 이력서는 느낌이 온다. 이런 느낌은 구체적으로 '호감'으로 이어진다. 상대방이 느낄 수 있도록 나에 대한 호감을 이력서 곳곳에 배치하라.

- '성공 예감'이 들게 하라. 1페이지 서류를 갖고 사람들은 무수히 많은 감정의 교차점을 지난다. 뽑을 것인가, 말 것인가. 그 지점에 '성공 예감'이라는 축포를 마음껏 쏘아올려라.
- 실패에서 당당히 일어서는 이력서를 써라.
- 아무리 훌륭한 이력서라고 할지라도 잊지 말아야 할 것이 있다. 즉 '단맛으로 채우라'는 것이다. 상대방은 꿀벌과 같다. 이력서에 '아첨'이란 꿀도 발라라. 그러나 너무 진하게 발라서 그의 발이 떨어지지 않게 되면 차라리 안 한 것만 못하다.

나는 무척 생산적인 사람입니다

당신의 이력서를 받아든 인사 담당자나 헤드헌터들은 사실 준비되어 있는 사람들이다. 그들은 당신을 충분히 느끼고 싶어한다. 단, 10초 내에라도 말이다. 그들은 당신이 얼마나 매력적이며, 강하고, 진한 체취를 풍기고 있는 사람인지를 알고 싶어한다. 지력(知力)과 경력 면에서 당신에게 흠씬 빠져들고 싶어한다.

하지만 애써 할애한 10초가 열애를 일으키는 것은 고사하고 전혀 흥미조차 일지 않게 한다면, 그것은 이력서 상의 문제다(실질적으로는 이력 자체의 문제이다). 그들에게는 별로 문제가 없다. 왜냐하면 설령 그들에게 문제가 있다고 해도 당신이 그들을 해고하거나 그럴 수는 없지 않은가. 할 수 없는 일은 그저 편하게 생각하라.

문제는 그들의 감정을 1페이지 서류를 통해 자극하고, 당신에 대한 인상을 깊고 진하게 남기라는 것이다. 당신을 만나고 싶도록 말이다. 그들은 몇 가지 느낌에 매우 충실한 사람들이다.

이 10초라는 시간은 이성적 판단만큼이나, 감정이 지배하고 결정하는 찰나다. 모든 이력서가 순간에 강해야 하는 이유가 바로 여기에 있다. 따라서 그들에게 풍겨야 할 당신의 이미지는 이 10초를 잡기 위한 것이어야 한다. 10초 말이다.

그렇다면 이 촌각을 다투는 시간에 쐐기를 박아 넣기 위해서는 어떻게 해야 할까? 여기 몇 가지 원칙이 있다.

| 인상 깊은 이력서를 만드는 방법 |

❶ 생산성이 팍팍 풍기게 하라. 게으른 구직자가 아니라, 뭔가 확실한 것을 생산해 내는 사람이라는 이미지를 강하게 풍겨라.

❷ 1페이지에 철저하게 자기 관리의 수준을 드러내라. 경력에는 '유효 경력'이라는 것이 있다. 나를 알아보게 하는 정보가 아니라면, 과감히 날려 버려라.

❸ 나의 경쟁력은 바로 이것입니다, 라고 당당하게 말할 수 있는 그 무엇이 반드시 있어야 한다. 회사 내에서의 개인 경쟁력이 어떠했는지, 나의 어떤 점이 회사 발전에 기여했는지를 그들은 알고 싶어한다. 예컨대 성공적인 프로젝트 사례, 당신이 끌어올린 매출 또는 개발 실적 등은 반드시 그들의 시선을 끌 것이다. 잊지 말자. 인사 담당자들도 자기가 원하는 것만 보고자 하는 편견에서 결코 예외가 아닌 평범한 보통 사람들이다.

❹ 깔끔하고 논리적이며, 당당하고 겸손한 글로 자기를 최대한 표현하라.

❺ 형식을 마음껏 사용하라. 그러나 붓을 여러 번 댄다고 명화가 탄생하는 것은 아니라는 점을 명심하라. 조목조목 당신에 대해 알게 하되, 너무 현란해서는 안 된다.

지력(知力) 시장에서 당신의 가치는?

'아는 것이 힘'이다. 아는 것은 돈, 정보, 기회 등 모든 면에서 상황을 유리하게 이끌어 나갈 충분한 교환가치를 지니고 있다. 아는 것과 당신의 이력서 간에는 어떤 관련성이 있을까?

이력서는 시장에 맞게 자신의 가치를 팔기 위해 씌어진다. 자신을 교류하기 위해 작성되고, 제시되며, 읽혀진다. 시장은 충분히 있고, 당신이라는 상품은 매력적이어야 한다. 이것이 전제되어야 한다. 아무도 당신을 사지 않겠다고 한다면, 계약은 성립되지 않는다.

이런 조건하에서 당신은 자신의 가치가 얼마짜리인지 알아야 한다. 또 제 값을 받고 팔 수 있는 다양한 방법을 구사해야 한다. 커리어 매니지먼트(career management)는 바로 그런 차원에서 필요하다.

일반적으로 헤드헌터들은 이직시 1.5~2배 가까운 연봉 상승을 제시하지만, 그것은 구직자들 사이에 형성된 기대치인 경우가 많다. 가령 내로라 할 만한 국내 회사 커리어를 갖고 있는 사람이 외국 회사로 옮겨 갈 경우에만 해당된다. 과거에는 파이낸스 부문이 최상의 대우 조건을 제시했었다. 심지어 아파트 전세를 얻어 주고, BMW를 선물로 받았다는 얘기도 심심찮게 들려왔다. 외국의 경우에는 CEO의 연봉이 엄청나게 높지만, 국내 사정은 그렇지 않다. 삼성그룹 사장급이 2002년 평균 연봉이 37억 원 정도라고 하지만, 사실상 속사정은 다를 수 있다.

가장 보편적인 연봉 인상 조건은 이직시 대략 20% 정도로 보면 된다. 크게 남는 장사는 아니다. 그렇다면 이런 상태에서 남다르게 연봉 뛰어넘기를 하기 위해서는 어떻게 해야 할까? 그러기 위해 이력서는 어떻게 재구성되어야 하는가? 여기 중요한 가치 창출 방법이 있다.

| 연봉 뛰어넘기를 위한 이력서 재구성 방법 |

❶ 당신의 세일즈 포인트를 찾아라. 분명하고, 확실하게 이력을 나타내라. 언제든지 '나는 누구다'라는 점을 분명히 드러내는 것이 중요하다.

❷ 남들이 당신을 잘 보게끔 전시하라. 연봉뿐만 아니라 모든 성공적인 이력은 신화를 끌고 다닌다. 긍정적인 측면에서 "그 친구는 이런 사람이래." "그 사람 정도라면, 업계에 잘 알려져 있지." "상당히 정력적으로 시장 개척을 하고 있다더군." "누구나 손을 턴 그런 불모지에서 성공했어." "인사의 귀재야. 귀신같이 사람을 뽑아 온다더군." "노력도 만만치 않았다더군. 미국에 자그마치 스무 번이나 갔다 왔대, 그 사람을 데리고 오려고 말이야." 이런 말이 들려오게끔 하라.

❸ 출발을 명확히 하라. 당신이 이직하는 건 도피가 아니라는 점을 스스로 설득력 있게 받아들일 수 있어야 한다. 어렵겠지만, 자기 식대로 합리화하지 마라. 이런 것은 스스로 잘 알고 있지 않은가?

❹ 상대방의 문제를 해결하기 위해 이직하라. 그것이 곧 자기 문제의 해결로 이어진다. 현재의 직장에서 해결하지 못한 것은 다른 곳에 가서도 마찬가지의 문제로 이어진다. 해결하고 가라. 풀고 가라는 얘기다. 현 직장에서의 문제가 해결될 때까지 기다리라는 말은 아니다. 잡다한 것은 다 털어 내고, 가장 핵심적인 것으로 무장된 자기 경쟁력을 들고 가서, 나의 문제를 풀기 위해 그들을 도우라는 뜻이다.

❺ 지금 하는 업무에 물리가 트여야 한다. 가장 잘 알아야 한다. 관련된 사람들에 대해 가장 많이 알아야 한다. 또한 더 알고자 해야 하며, 알게 되는 매순간 경험해야 한다. "아, 이게 그랬구나!" "그러니까 이제는 이렇게 하면 되겠네!" 바로 이런 느낌이 들어야 한다.

❻ 평판을 좋게 유지하라. 사람이 즐거움이자, 스트레스의 원인이다. 인사 담당자들이 불친절한 것은 '지겨울 정도로 사람들 틈에 부대끼기 때문'이다(그들에게 정말 필요한 휴가는 사람으로부터 격리될 수 있는 시간이다). 이런 스트레스가 짓누르는 상황 속에서도 잘 처신하고, 짜증내지 마라. 자신의 불친절은 반드시 부메랑이 되어 돌아올 것이다.

일확천금의 연봉 조건은 없다. 20% 정도의 임금 상승 조건이면, 한 단계씩 쌓아갈 수 있다. 직무를 배우기 위해, 자기 실적을 높이기 위해 움직이다 보면, 앞의 퍼센트는 무의미해진다. 당신에게는 조만간 더 큰 제안이 들어올 게 분명하니까.

나를 표현하는 스킬이 중요하다

진실을 말하되, 전체 진실을 말하라

미국 법정의 증인 서약 중에 다음과 같은 문구가 있다.

"진실을 말하되, 전체 진실을 말할 것."

이력서도 이와 다를 바 없다. 아니, 어떤 면에서는 이와 같아야 한다. 자신에게 불리한 말을 구태여 기술할 필요는 없다. 예컨대 학력을 소개할 때 'ㅇㅇ대학교 ㅇㅇ학과'라고 하면 되지 구태여 'ㅇㅇ분교'라고까지 구체적으로 밝힐 필요는 없다. 그것은 상대방이 물을 때 대답해도 된다.

실제 이런 이력서의 주인공들이 있다. 어떤 경우에는 면접까지 간 이력서의 주인공들조차 'ㅇㅇ학과'가 분교에만 개설되어 있다는 사실을 면접관이 알고 묻자, 무척 당황해 한 적 있다. 그러나 안심하라. 그것은 전혀 문제가 되지 않는다. 만일 '동서울대학교'를 '서울대학교'로 오기(誤記)한다거나, '임상병리학과'를 '의학과'로 표기한다면, 그 이력서는 거짓 정보를 기술한 것이 된다. 그러나 'ㅇㅇ분교'라는 사실을 알리지 않았다고 해서 합격 취소 사유가 되는 것은 아니다.

만일 이력서에 씌어진 '사실'이 '사실과 다르다'면 당신은 그것이 미치게 될 여파를 반드시 염두에 두어야 한다. 거짓말은 결코 이력이 될 수 없다는 것을 누군가는 반드시 지적하고 나올 테니까.

한 줄의 잘못된 정보가 결국 자신을 끈질기게 괴롭힌 사례를 우리는 잘 알고 있다. 예컨대 '프린스턴 대학'은 '프린스턴 신학대'와 전혀 다르며, '삼송전자(Samsong Electronics)'는 '삼성전자(Samsung Electronics)'와 전혀 다른 회사다. 마찬가지로 '졸(卒)'은 '이수(履修)'와 동의어가 아니라는 사실을 반드시 명심하자.

'Columbia Univ., New York, N.Y.'는 'Columbia Univ of Missouri'와 다르다는 것을 분명히 알아야 한다. '자유기고가'는 '객원 기자'와 다르며, '판매 사원'은 '세일즈 마케터'와 다르다.

이력서엔 이런 점을 정확히 명시해야 한다. 하지만 사실대로 기술하라고 해서 '상벌사항'에 몇 년 전에 교통 위반 벌칙금을 얼마 물었다고 적을 필요까지는 없다. 당신이 만일 21세기형 정치 지도자가 되고자 하는 게 아니라면 말이다. 반면, 특정 회사 기술 유출 혐의로 재판중이라면, 이런 사실은 반드시 밝혀야 한다. 나중에 문제가 되지 않으려면 말이다(그러나 당신이 이런 사실을 밝히고서 입사하게 되리라는 기대는 안 하는 게 좋을 것이다). "진리에 무엇인가를 덧붙이면 진리는 덧붙인 것만큼 줄어든다." 『탈무드』에 나오는 말이다. 이력서의 간결성도 이와 같다.

이력서에 대충 얼버무리는 혼동 유발의 문구는 지원 회사에 성공적으로 진입할 수 있도록 도와주기보다는 오히려 불명예의 퇴각을 가져올 수 있다. 표현의 선을 넘어서는 결코 안 된다는 의미다. 자칫하면 너무 큰 베팅이 되어 버릴 수 있기 때문이다. 그러면 지금까지 쌓아 온 모든 공든 탑이 하루아침에 무너져 버릴 수 있다.

이력서 안의 진실은 '내용'에 관한 것이다. 그 내용은 전체적인 진실 속에 표현되어야 한다. 만일 이력서 작성에서 모든 세부 사항이 진실되어야 하는 것이라면, 그것은 당신의 전체적인 능력을 보지 못하게 할 우려가 있다. '못을 만드는 공장'에 취직했었다는 사실이 중요하지, "못대가리를 만들었다"라고 구태여 밝힐 필요는 없다. 그런 사실은 어느 누구에게도 결코 중요한 사안이 아닐 테니까.

이력서에 이런 방식으로 전체적인 진실의 내용이 담겨지고 나면, 그 다음에 할 일은 상대방이 삼키기 좋게 만드는 것이다. 이력서 작성에는 당의정(sugar-coating) 이론이 통한다. 하지만 설탕으로 코팅은 하되, 그 안에 든 것조차 설탕이라면 곤란하다. 그 안에는 삶의 맵고 짠 진국인 '사실'이 들어가야 한다.

이력서를 써 보고, 전문가에게 가져가 보라. 그러면 그는 전체적인 진실을 드러내기 위해 이력서에 어떤 부분이 강조되어야 하고, 삭제되어야 하며, 특별히 강화되어야 하는지를 조목조목 짚어 줄 것이다.

이렇게 해야만 하는 이유는 너무나 명백하다. 이력서는 자기 고백서가 아니라, 제안서이기 때문이다. 말하자면 당신의 가능성, 긍정적 측면을 부각시키는 일종의 세일즈 카탈로그이다.

| 경력 제안서 체크 포인트 |

• 일부러 불리한 말을 꺼내지 마라. 당신은 상대방에게서 이력서에 무엇을 쓰라고 강요받은 적 없다. 다만, 전체적인 사실을 분명히 쓰면 된다.

- 상대가 삼키기 좋게 만들어라. 가끔 상대방은 몸에 좋더라도 쓴 약을 주기보다는 달콤한 설탕을 주기를 바라고 있다. 이런 현상은 어차피 잡 마켓에서 통과하기 위한 전략일 수밖에 없다.

생략은 죄가 아니다

이력서에 들어갈 내용을 정하고 나면, 그 다음에는 무엇을 생략할 것인지를 선택해야 한다. 이것이 당신의 이력서를 보다 강한 이미지, 일관성 있는 이력서로 만들어 나가는 과정이다. 불필요한 나열 때문에 오해를 받는 경우는 애초에 피하는 게 좋다.

우선 3개월 미만짜리 경력은 아예 쓰지 않는 게 좋다. 당신이 아무리 뛰어난 사람이라고 할지라도 상대방은 3개월 동안 제대로 무언가를 했으리라고는 생각하지 않는다. 이것이 그들의 편견이라고 해도 어쩔 수 없다.

보다 더 중요한 사실은 이력 관리에서 아예 3개월 미만짜리 경력은 만들지 말라는 것이다. 드문드문 늘어놓는 경력을 원하는 사람은 없다. 만일 당신이 고용주라면 그런 경험을 해본 적이 있을 것이고, 이 점을 자랑스럽게 얘기할 수도 있겠지만, 지금 당신은 피고용자가 되기 위해 이력서를 쓰고 있지 않은가. 구태여 상대방이 좋아하지 않는 내용을 적을 필요는 없다. 이에 대해 헤드헌터들은 6개월 이내의 짧은 기간은 오히려 경력에 도움이 되지 않으므로 아예 경력 사항에서 삭제하라고 말한다. 짧은 경력, 잦은 공백은 결코 당신의 가치를 높이 올려놓지 못할 뿐만 아니라, 끈기 없는 사람으로 비쳐질 우려가 있다.

이 말은 상당 부분 맞다. 만일 당신이 잦은 이직의 소유자라면, 당신은 좀더 굵직한 이력을 넣고 나머지 짧은 경력은 없애 버리는 게 낫다. 가지 치기 없이 조경수로 팔려 나가는 나무는 없다는 사실을 알자. 자기 약점이 될 수 있는 요인들에 대한 생략은 결코 죄가 될 수 없다. 상대방은 오히려 잘 다듬어진 상태를 원한다. 그래야 당신의 본질적 가치가 드러나기 때문이다.

| 경력 제안서 체크 포인트 |

• 생략할 것을 선택하라. 이력서는 간추려지는 서류이며, 입사는 수많은 지원자 가운데 부적격자부터 추려지는 과정과 같다. 과감히 줄여라. 그것이 이력서의 강점을 부각시키는 한 방법이다.

• 당신의 이력을 드문드문 늘어놓지 마라. 이력은 '이어지는 것'이다. 자기 이력을 늘어놓는 사람에게서 끈기와 일관성을 발견할 만한 인사 담당자란 그리 많지 않다.

이심전심을 믿지 마라

사랑이 자기 감정만으로 끝날 때, 우리는 그것을 짝사랑이라고 부른다.

이런 얘기는 앞서 다룬 바 있지만, 이력서를 쓸 때에도 딱 맞아떨어진다. 이력서를 쓰고, 보낼 때 반드시 명심해야 할 것이 있다. 이 정도로 적어 놓으면 상대방은 내가 무엇을 말하는지 알겠지 하는 것이다.

결론부터 말해 상대방이 나에 대해 제대로 알고 있을 것이라고 생각하면 이건 엄청난 착각이다. 어느 인사 담당자도 당신과 생각이 같지 않다는 것을 명심하자. 그는 오직 자기 관심사에만 귀를 기울인다. 취직이 당신에게는 일생일대의 중요한 문제이겠지만, 그에게는 단지 성가신 업무의 하나일 뿐이다. 특별히 주의해서 당신의 이력서를 취급해야 할 아무런 필요성도 느끼지 않는다. 오히려 그보다는 상관과의 점심 약속 시간에 늦지 않으려는 생각이 머릿속에 가득 차 있을 것이다. 그게 단연코 우선순위다.

인사 담당자에게 전화를 걸어 당신의 이력서가 지금 어떤 상태에 있는지 물어보았을 때, 그(또는 그녀)의 목소리가 부드러웠다고 해서 절대 오버하지 마라. 그들은 방금 배 터지게 점심을 먹고 왔거나, 상사가 지나가며 헛소리로 칭찬한 말 때문에 어리석게도 기분이 좋아져 콧노래가 나왔을 수도 있다. 그들이 보여주는 친절은 비행기 승무원의 판박이 미소와 크게 다를 바 없다. 철저하게 코스메틱(cosmetic)된 친절이다. 다시 말해 당신의 관심사는 그들에게 전혀 중요하지 않다.

어느 인사 담당자든지 회사 편이라는 사실을 잊지 마라. 이 말은 그가 회사에서 월급을 받고 있는 사람이라는 뜻이다. 따라서 당신은 이력서에서 자신이 그와 같은 편에 있다는 것을 보여주어야 한다. 추상적인 얘기는 아무런 감응도 불러일으키지 못한다. 그렇다고 "입사하면 당신의 편이 되겠습니다"라고 직접적으로 말할 수도 없지 않은가? 효과도 없다. 그런 표현들이 주로 이런 것들이다.

"입사하면 분골쇄신으로 열심히 일하겠습니다."

산재 등의 문제로 곤혹을 치른 적이 있는 인사 담당자라면 당신이 '뼛가루가 되는' 경우를 절대로 원치 않을 것이다(비유가 좀 지나쳐도 말이다). 이런 말은 구체적으로 이렇게 고쳐 써라.

➡ "제가 입사하게 되면 귀사의 제트 프로젝트 완료 일정을 적어도 6개월 이상 앞당기는 데 크게 도움이 될 것입니다."

이런 예도 가능하다.

• "직원들과 화기애애하게 지낼 수 있습니다."
➡ "직원들 간에 밝은 조직문화를 만들기 위해 건전한 리더십을 발휘하겠습니다."
• "회사 일만 죽어라고 열심히 하겠습니다."
➡ "회사 일이 건강한 가정생활에 기초가 된다고 생각하고 균형감 있는 생활과 업무에 책임을 다하겠습니다."

이런 표현들은 그들에게 당신이 훌륭한 우군(友軍)이 될 수 있다는 것을 보여준다. 또한 가장 기본적이며, 강력한 채용 근거가 된다.

입사를 위한 이력서가 넘어야 할 가장 일반적인 장벽이 있다면 그것은 편견과 선입견의 벽이다. 인사 담당자들이 많은 이력서를 검토한 베테랑이기 때문에 편견으로부터 자유스러울 거라고 생각한다면 오산이다. 그들도 불완전한 한 인간일 뿐이다. 책상에 수북히 쌓여 있는 이력서 앞에서 그들이 느끼는 것은 '지겨움'이다.

당신은 일상에서 흔히 만나는 보통의 사람에게 이력서를 보내는 것이지, 당신의 과거와 현재, 미래를 꿰뚫어보는 점성가에게 서류를 보내는 것이 아니다. 그들의 책임은 당신의 서류에 있다. 그들은 바로 그 범주 내에서 당신의 이력서를 심사하는 것이다.

따라서 그들의 시선을 붙잡기 위해서 당신의 이력서는 모집 분야와 적합성이 어우러질 수 있도록 작성되어야 하고(당신의 이력서 내용이 그러해야 하고) 인사 담당자들이 가지고 있을 편견과 고집을 뛰어넘거나 우회해 그들이 원하는 자기 기준을 제시할 수 있어야 한다.

누군가의 비위를 맞추지 않고 호소력을 얻게 된 마케팅 방법은 거의 없다. 이런 사실을 안다면, 이력서를 쓰면서 "내가 너무 비굴한 거 아냐?" 하는 감상주의에는 결코 빠지지 않게 될 것이다.

| 경력 제안서 체크 포인트 |

• 상대방의 귀에 대고 고함을 쳐도 그들은 당신의 소리를 듣지 못할 수 있다. 하물며 상대방이 당신이 말하고자 하는 것을 한 장의 서류를 통해 다 알아들을 것으

로 생각한다면 큰 오산이다. 당신이 무엇을 얘기하고 있는지 알게 하라. 한 장의 서류로써 말이다.

모든 이력서는 나에게로의 초대를 목적으로 한다

누구를 초대하거나, 초대받은 적이 있는가? 만일 그렇다면 생각해 보자. 당신이 누구를 초대했었는지, 혹은 당신이 누구의 초대를 받은 적이 있는지.

이력서가 초대장이라고 한다면 얼마나 많은 사람들이 믿을까? 그러나 이것은 사실이다. 불완전한 초대, 위험으로의 초대, 또는 격에 맞지 않는 초대 등으로 귀결될 여지가 있지만, 어쨌든 이력서는 분명한 초대장이다.

그러나 모든 이력서가 긍정적인 대답을 듣는 것은 아니다. 만일 당신이 그런 초대를 받을 만하거나, 초대할 만한 위치에 있지 않다면 말이다. 이력서를 제출하고, 채용 여부에 이르게 되는 전 과정이 이와 같다. 당신이 이력서를 지원 회사에 제출함으로써 상대방이 그것을 보고 적합하다고 판단되면 채용 결정에 응하게 되는 것이다. 채용 여부에 대한 결정은 바로 당신의 초대에 대한 그들 나름의 응답이다. 잡 마켓에서는 당신의 초대장이 언제나 받아들여지는 것만은 아니다. 왜 그런가? 모든 이력서는 불평등하기 때문이다.

초대장을 작성하는 당신은 이런 사실을 직시해야 한다. 당신의 학력, 경력 등 모든 사항은 결코 평등주의 아래에 있지 않다. 이력서에 평등이란 존재하지 않는다. 이력서는 이상적인 서류가 아니라, 가장 현실적인 서류이기 때문이다.

하지만 평등한 것이 있다. 어디든지 당신은 원하는 데 이력서를 제출할 수 있다는 것이다. 또 업그레이드도 할 수 있다. 여전히 실효성은 불투명해도 말이다.

사실 이력서를 써 놓고 그것을 유심히 들여다본다면 당신은 그 한 장의 서류가 당신을 초대하고 있다는 느낌을 지울 수 없을 것이다. 거기에는 당신이 걸어온 사회생활의 전모가 그대로 들어 있고, 당신이 미처 이루지 못한 삶의 아쉬움이 남아 있다. 마음을 차분히 가라앉히고 자신의 이력서를 들여다보면 못다 이룬 과거의 꿈이나, 앞으로 살아가고자 하는 자신의 커리어와 만날 수 있다. 그리고 그것은 당신으로 하여금 새로운 세상으로 초대하기도 한다. 이직·전직은 그런 초대가 빚어 내는 하나의 이정표임에 틀림없다.

누구도 당신보다 더 오랜 시간, 더 자세히 당신의 이력서를 들여다보지 않는다. 한 장의 이력서를 통해 당신은 자기 자신과 조우한다. 그러나 얼마나 많은 사람들이 거기서 진정한 자기를 찾게 될까? 그것은 여전히 의문이다. 결국 삶은 각자의 몫일 수밖에 없으니까.

| 경력 제안서 체크 포인트 |

• 이력서는 나를 초대해 달라고 말하는 제안서이다. 인사 담당자들이 당신을 초대 명단에 넣을 수 있도록 하라. 그들의 초대는 궁극적으로 자신에 대한 자기 스스

로의 초대임을 알게 되는 날이 반드시 올 것이다. 만일 당신이 유능한 인재라면 말이다.

당신은 정찰제가 아니다

많은 사람들에게 희망 연봉이 얼마냐고 물으면, 대부분 "회사 기준에 맞춰서…"라는 말을 한다. 이게 무슨 말인가? 회사 기준에 맞춰서 춤이라도 추겠다는 것인가? 사실 신입사원들의 경우에는 '신입(新入)'이 목적이므로 이런 현상이 더 심하다(입사하지 못한다면 아무 소용도 없는 일이 아닌가!).

우리는 남의 기준에 맞춰 사는 일에 너무나 길들여져 있다. 당신이 사회생활을 통해 쌓은 그 모든 이력은 지원하는 회사 사람들과 그런 시스템을 만나 쌓아 가는 것이다. 그런데도 자신을 멀찍이 뒤에 두고 얘기하는 경향이 있다.

이런 주문은 심지어 '이력서 쓰는 법'을 알려 주는 대부분의 책에서도 그대로 발견된다. 어떤 인사 담당자들은 이력서란에 '희망 연봉'을 적으면 불경한 것으로 취급하기도 한다. 회사가 뽑아 주는데, 감히 이런 요구부터 하다니! 이런 식이다. 그들의 입맛에 맞추어 거래를 성사시켜야 하는 헤드헌터들 중에도 '희망 연봉(expected salary)'란을 아예 없애 버리라고 주문하는 경우도 있다. 연봉 협상은 입사 이후의 일이라는 것이다.

틀린 말은 아니다. 하지만 주장하건대 이력서에 '희망 연봉'은 반드시 명기되어야 한다. 이것은 자기 '몸값'을 스스로 평가하는 기준이기도 하며, 회사에 당당하게 자신이 제시할 이익분이 얼마인지 알게 해주는 제안서이기도 하다.

앞서 말한 것처럼 자신이 회사에서 받아야 할 연봉이란, 자신이 회사에 벌어다 줄 이익분의 일부라는 것을 '희망 연봉'은 보여준다. 그걸 왜 빼는가?

이력서에 들어가는 이런 요소들에 대해 올바른 인식을 갖는 게 중요하다. 이것이 진정한 프로 의식을 심어 준다. 회사는 어떤 건물이나 사람이 아니라, 철저하게 수익을 목적으로 하는 이익 집단임을 알아야 한다. 당신의 이력서에 명기된 '희망 연봉'은 바로 그 점을 명확하게 보여주는 것이다.

또한 '희망 연봉'은 자신이 매우 유동적인 가격의 존재라는 것을 보여준다. 그것은 당신이 정찰제 물건이 아니라 유동적이며, 더 나아가 계산할 수 없는 가치를(때로는 손실을) 가져다줄 수 있는 사람이라는 사실을 뒷받침해 주기도 한다. 물론 '희망 연봉'이 항상 이것을 입증해 주지는 않는다. 그러나 자신의 현재 가치에 대한 기준을 스스로 제시하는 것이 적극적인 자기 표현 방식임에는 분명하다.

언제나 주관 있게 살려는 사람들은 다음을 명심해야 한다.

당신은 지원하는 회사의 임금 체계에 자신을 맞추는 것이 아니다. 자신의 기준을 먼저 정하고, 그 조건과 회사 간의 간격을 협상해 나가는 것이다. 그 차이를 좁히는 데 이력서만큼 중요한 것이 없다. 이력서를 잘 써서 당신이 회사가 정한 정찰제의 임금 대상자가 아니라, 무한 변동의 인적 자원이라는 사실을 입증하기만 한다면, 당신은 누구보다 성공할 확률이 높다. 자신의 가치는 스스로 정한다는 자신감과 더불어 현실감 있는 이력서를 쓸 수 있어야 한다. 주관적 바람이 아니라, 객관적 근거가 있는 서류 말이다. 이를 위해 이력서가 그렇게 평가받도록 끊임없이 자기 계발을 할 수 있어야 한다.

가장 가치 있는 수표는 백지수표이듯, 당신의 이력서는 당신이 아직 값이 매겨져 있지 않은 인재라는 점을 보여준다. 이력서는 분명 유가증권이다. 물론, 가격 흥정을 필요로 한다. 하지만 어떤 이력서라고 할지라도 회사가 정해 준 아웃라인을 크게 벗어나지 못하는 이력서가 대부분이다. 거기서 일탈한 이력서가 지금부터 당신이 써야 할 이력서이다.

| 경력 제안서 체크 포인트 |

• 회사에 가장 많은 이익을 가져다주는 사람들의 이력서는 하나같이 회사의 기준에 맞춰서 작성된 이력서가 아니다. 흔히 말하는 '스카웃'은 당신의 조건을 맞추기 위해 회사가 조건을 협상해 오는 것이다. 성공하는 이력은 뭔가 다르다.

• 이력은 혼자만 쌓아 가는 것이 아니다. 그것은 당신이 회사와 회사의 시스템을 만나 함께 쌓아 가는 것을 의미한다. 회사에 당당하게 자신이 제시할 이익분이 얼마인지를 알게 해줘라. 그것이 바로 당신이 희망하는 연봉이며, 회사가 주어야 할 연봉을 당신이 미리 선급형으로 제시하는 것이다.

회사에서 원하는 것은 능력 자체다

자기 계발서인 『진정한 성공을 위한 자기 경영』이란 책에서 나는 "지금의 사업 환경이 요구하는 대부분의 지식은 '스킬(skill)화된 지식'"이라고 말한 바 있다. "과거와 달리 지식 관리 시스템이 잘 구현되어 있어 그에 따라 일을 진척시킬 수 있는 부분이 상당히 많기 때문"이다. 이 말은 소위 인터넷과 네트워크 시대에 가장 적당한 말 같아 보인다.

임원이 프리젠테이션 자료를 위해 파워포인트 작업을 직접 수행하고, 엑셀 수식을 짜며 차트를 만들어 참석자들에게 제시한다? 사장 앞에서 프리젠테이션 중간중간에 키 값을 변경해 가며 시뮬레이션까지 해 보인다면 졸고 있거나, 잘 모르면서도 수첩에 코를 박고 있는 임원들보다 확실히 돋보이지 않을까?

이렇다면 프리젠테이션에 참석한 어느 누구도 '기가 죽지' 않을 수 없을 것이다. 더구나 드문드문 전문 용어에 2개국어 버전으로 수사(修辭)를 곁들여 윤색한다면, 누구나 그 앞에서 주눅들고 말 것이다. 이런 작은 '스킬'이 당신의 능력을 추호도 의심치 않게 하며, 동시에 회사 내 자신의 입지를 확고히 다지는 데 크게 기여하게 한다(조직 내 프리젠테이션의 상당 부분이 다 아는 사실을 확인하기 위한 용도이거나, 자기 과시용이라는 사실을 무시하지 마라).

사실 자기 능력을 구성하는 주요 부분은 '스킬'이다. '어떤 업무를 어떻게 처리할 수 있는지'와 '스킬'은 별개일 수 있는데도 많은 사람들이 그것을 동일시한다. 그리고 그것을 의심하고, 계속 생각할 정도로 한가하지도 않다.

부정적일 수 있는 여지에도 불구하고, 이런 사람들은 분명 남다른 능력 하나를 더 가지고 있다. 회사가 원하는 것이 무엇인지 잘 안다는 사실이다. 단순히 아는 차원이 아니라, 그에 맞는 답을 자기 조건의 하나로 가지고 있다. 실제로 이런 사람들은 시대의 흐름에 뒤처지지 않고 앞서 나간다. 회사가 원하는 업무에서 두각을 나타낼 확률이 높다.

지금 이력서를 쓰고 있는 사람이라면 이런 사실을 명심하라. '스킬'은 곧 '능력'이다. 그러나 너무 '스킬'만을 강조한 이력서는 잡다한 자격증을 적은 이력서만큼이나 값싸 보인다. 우리는 아주 오래전 폐기된 파일에서 이력서가 아닌, 자격증 목록을 적은 서류를 하나 찾아냈다. 자격증이 무려 20여 가지나 되었는데 그 중에는 '운전면허증 2종 보통' '정보처리자격증 3급' 같은 것도 있었다. 마침 인사 담당자가 그 아래에 적어 놓은 메모가 보였는데 거기에는 다음과 같이 적혀 있었다.

"도로 주행 연습중." "PC에는 문외한."

무슨 자격증이 이런가? 어떤 경우엔 자격증이 무자격자임을 증빙하는 서류 같다.

스킬이 먹히는 때가 있고, 능력이 먹히는 때가 있다는 주장은 매우 설득력 있다. 능력이 스킬을 만나면 빛을 발한다.

신입사원을 뽑을 때에는 인성 같은 기본 소양과 함께 선배들이 일을 시켜 먹을 수 있는지 업무 '스킬'을 본다. 그러나 2~3년이 지나면 다르다. '스킬'만 가지고는 안 되는 시기가 온다. 그때부터는 중요 경력 관리 시점으로 들어서게 된다. 실적이 나지 않으면 능력을 의심받게 되는 것이다. 이때부터 나머지 회사 생활엔 '잠 못 이루는 밤'이 시작된다.

결국에는 업무 능력이다. 신입사원이라면 여전히 행복하다. 그러나 당신이 경력직으로 이직을 고려하고 있다면 반드시 자기 능력을 알아야 한다. 만일 좀 무리를 하더라도 1cm를 더 올린 장대 넘기를 하고자 한다면, 결과적으로 뛰어넘는 것으로 보여주어야 한다. 그런 기록은 당신의 이력에 뚜렷한 한 줄을 남길 것이다.

"마침내 해내다! 이 한 줄의 경력을 얻기 위해 몇 년을 투자했다!"

바로 이런 것 말이다.

| 경력 제안서 체크 포인트 |

• 성공적인 취직과 직장 생활을 위해서 '스킬'과 '능력'의 차이점을 구분하라. 잘 만들어진 이력서에는 의심이 가지 않는 법이다. 결국에는 '보여주는' 것이니까.

• 가끔 '스킬'은 '능력'을 의미한다. 특히 이력서를 쓸 때 적는 스킬은 능력을 좌우한다. 알고 있는 것, 지금까지 해온 일을 잘 표현하라. 이력서는 언제나 '작정하고 쓰는 것'이다.

Part

4 10초 전쟁을 시작하자(준비와 시작)

'나' 자신을 찾아라

인사 담당자들과 헤드헌터들은 당신이 보낸 1페이지 서류를 통해 당신이 어떤 이력을 쌓아 왔는지 아는 것은 물론이고, 당신의 성격, 생각, 의지까지도 읽을 수 있다. 거의 사주팔자, 명리를 볼 줄 아는 사람들 같다(너무 키워 주는가?).

그들이 말하는 인재 선발 기준은 이렇다.

우선 신입사원들의 경우에는 인재를 키워 '내 사람으로 만들어 쓰기 위해' 뽑는 것인 만큼 사람 됨됨이, 잠재적 가능성 등을 가장 중요한 것으로 본다. 여기에다가 개인적 요소들, 예컨대 출신 학교, 학점, 활동 사항, 리더십 등은 주요 검토 사항이 된다. 신입사원들에게는 '가능성'을 짐작케 해주는 요소가 가장 중요하다.

경력사원들의 경우에는 어떨까?

그들은 한마디로 당장 현업에 투입된다. 따라서 현업 배치와 동시에 고지 탈환의 의무가 주어진다. 결코 실적으로부터 자유스럽지 못하다. 회사가 요구하는 영업 실적 달성, 개발 과제 완수, 원가 절감, 생산성 향상 등 수익 증대라는 명확한 목표에 그들의 경력은 부합되어야 한다. 채용 후에도 이런 목표에 맞지 않을 경우에는 사실상 바다 속으로 굴러 떨어지는 이구아나 꼴이 된다.

간혹 여러 가지 이유를 들어 이직하는 사람들이 있다. 그러나 잦은 이직은 당신이 여전히 굴러다니는 돌에 불과하다는 것을 뜻한다. 당신의 이력이 물결에 쓸리는 돌처럼 안착하지 못하고 계속 굴러다니다 말 것인지, 아니면 훌륭한 주춧돌이 되어 어딘가에 긴요하게 쓰이게 될지, 인사 담당자들은 알고 싶어한다. 한 번의 이혼에는 관대할 수 있어도, 두세 번 반복되면 문제는 상대방이 아니라 당신에게 있다고 생각하는 것과 같은 이치다. 편견일 수도 있겠지만, 엄연한 사실이다. 잡 마켓이 바로 이렇다.

당신이 누군가의 자리를 대체해 입사에 성공했다는 얘기는 당신의 능력이 뛰어나다는 것만을 보여주지는 않는다. 당신도 선임자와 똑같은 운명에 처할 수 있다는 것을 사전에 예고하는 신호다. 이 게임이 어디서 끝날지, 둘 사이의 구애가 얼마나 위험한 관계인지 입사 서류에 사인하는 것과 동시에 당신은 알게 된다.

입사에 성공하고, 또 성공적인 삶(꼭 밀려나지 않기 위해 발버둥치는 것만을 의미하지는 않는다)을 살기 위해서는 자신을 객관적으로 바라볼 필요가 있다. 만일, 자신의 값어치를 잘 모르겠다면, 헤드헌터들을 찾아가라. 아니면 가까운 인사 담당자들을 만나 밥 한 끼 사며 그들의 얘기를 들어 보라.

그들은 '상품의 가치'를 제대로 짚을 줄 아는 사람이다. 적어도 상품을 가공하고, 매개하는 것으로 밥을 먹고사는 사람들이 아닌가. 미흡한 면이 있어도 그들은 여전히 이 사회 인적 시장의 컨설턴트들이다(불행한 일은 그들이 창업자를 알아보는 사람은 아니라는 것이다. 그들의 직업은 팔릴 만한 사람, 나아가 특정 후보자를 팔릴 수 있게 하는 일에 특화되어 있다).

당신은 회사 내 인사 담당자들에게서 매우 쓴소리를 들을 수도 있다. 그렇다면 그것은 그나마 다행이다. 만일 그들이 당신에게 달콤한 말을 늘어놓는다면, 당신은 머지않아 정리 대상자가 될 확률이 높다.

결국 그들을 찾아가든, 그 무엇을 하든 간에 당신이 지금 해야 할 가장 중요한 일은 자신을 아는 것이다. '나는 누구인가' '내가 가장 좋아하는 일은?' '내 삶을 의미 있게 만들 수 있는 일은?' '내가 가장 잘할 수 있는 일은?' 바로 그런 질문을 스스로에게 던져야 한다. 지금 당장 말이다.

모든 이력서의 주제가 '나'라고 하는 것은 바로 이 때문이다. 단 한 번뿐인 인생을 무엇으로 채울 것인가? 바로 그런 질문이 이력서에 들어가야 한다.

결코 하기 싫은 일을 하는 데 시간을 허비하지 마라. 단순히 먹고살려고, 연봉이 많아서(그럼에도 불구하고 돈을 많이 버는 일이 좋아지는 것은 사실이다), 학교 때 전공이 그러했기 때문에, 집사람이 반대해서, 애인이 직업을 바꾸면 떠날까 봐… 이런 모든 말들에 대한 대답은, 모두 '천만에'다.

누구의 인생을 살려고 하는가? 남을 대신해서 맞지도 않는 옷을 입고 나설 작정인가? 아니면 남을 대신해 원하지도 않는 삶에 자신을 밀어 넣을 생각인가? 단 한 번뿐인 인생과 세상살이에서 당신이 내린 결론은 무엇인가?

이 세상에 가장 의심스러운 것이 있다면, 바로 일과 놀이를 구분하려는 온갖 시도들이다. 또 돈과 재미있는 일의 관련성을 애써 부정하려는 것이다. 이런 거짓 논리가 삶을 억누른다. 우리가 직업 선택의 자유를 가지고 있다는 것은 내가 원하는 직업을 찾아 자신을 개발시킬 권리가 있다는 뜻이다. 마크 피셔는 백만 장자들의 특징이 "자기가 하고 싶고, 원하는 일을 재미있게 해 온 사람들"이라고 지적한 바 있다. 이건 명백한 사실이다.

이 책을 읽는 사람들은 누구나 인사 담당자들과 헤드헌터들의 눈에 띄지 않는 비밀 병기를 한 개쯤은 갖고 있을 것이다. 지금 당장 회사를 박차고 나올 수 있는 사람이라면, 그렇게 하라. 준비가 되어 있다면 말이다. 그러나 만일 그렇지 못하다면, 자신의 비밀 병기를 갈고닦아 그것을 통해 자신이 원하는 일을 하며 살 수 있는(다시 말해 돈도 벌고, 보람도 느낄 수 있는) 바로 그런 일을 찾을 수 있도록 각별히 노력하라. 당신의 모든 바람은 이제 더 이상 남의 기대에 풍화되어서는 안 된다.

우선 자기가 하고 싶은 일을 발견하라. 그리고 그 일에 대해 전문성을 키워 나가라. 먹고살려고 원하지도 않는 일을 하는 것은 결국 자신의 삶을 질식시키는 셈이다. 자신을 감옥에 가두는 꼴이다. 그런 사람들은 결코 비 갠 날 아름다운 무지개를 볼 수 없으며, 자신을 노예의 신분으로 전락시킨다. 이렇듯 분명한 신념을 갖고 밀고 나갈 때 당신은 삶의 새로운 비전을 갖게 되는 것이다.

오늘 당신의 이력서(오래전 당신이 직장에 들어가기 위해 써 놓았던 바로 그 이력서)를 찾아 다시 읽어 보아라. 거기서 당신은 자기 내면이 말하는 바를 읽을 수 있을 것이다. 당신의 이력서는 아마도 이런 말을 할지 모른다.

"나의 꿈은 이게 아니었다!"

"내가 고등학교 때, 아니면 내가 대학 시절에 꿈꾸었던 삶은 지금과 같은 것이 아니었다!"

오늘 집에 가거든, 예전의 공책이나 메모장 또는 상장을 뒤적여 보라. 당신은 거기서 그동안 당신의 이력서에 삭제된 자신의 다른 면을 찾아낼 수 있을 것이다.

"내가 이런 적도 있었나?" "그땐 이런 것을 하고 싶었었구나!" "나에게 이런 재주가 있었다니…!"

당신은 놀라움으로 가득 차 오를 것이다. 거기서부터 당신은 이력서를 다시 쓰면 된다. 경이로움으로 가득 찬, 정말 쓰고 싶었던 자신의 이력서를 말이다!

| 경력 제안서 체크 포인트 |

- 당신이 신입사원이라면 회사가 원하는 '가능성'을 발굴하라. 경력사원이라면 수익 창출에서 절대 멀어지지 마라. 만일 당신이 이직·전직을 희망하는 사람이라면 어디에 뿌리를 내려야 할지를 미리 알고 항해에 나서라.

- 재미있는 일을 하면 돈을 못 번다는 논리를 무너뜨려라. 그것은 거짓이다. 당신의 삶이 성공적이기 위해서는 당신은 원하는 일을 즐겁게 할 수 있어야 한다. 자신이 원하는 일은 모든 면에서 삶을 풍요롭게 만들 가능성이 높다. 동시에 모든 성공한 사람들의 공통점이기도 하다.

- 오늘 당신의 오래전 이력서를 찾아 다시 읽어 보라. 거기에 당신의 잊혀진 꿈이 있다. 아니면 채워야 할 거대한 구멍이 보이든지.

지금 가진 것에서 출발하라

"굼벵이도 구르는 재주가 있다"는 말은 결코 틀린 얘기가 아니다. 세상 누구나 살아가는 자기 나름대로 재주가 다 있다. 그런 삶의 지혜는 일거리를 만들고, 사람들을 '일'에 참여하게 한다. 당신이 현재 직장에 들어가게 된 배경을 살펴보라. 아니면 현재와 같은 직업이나 일을 하게 된 계기가 무엇인지 곰곰이 생각해 보라.

당신은 분명 현재의 일과 어떤 측면에서는 맞는 구석이 있었기 때문에 그 일을 하게 된 것이다. 누구나 세상 어느 한 축과는 맞는 부분이 있다. 자신이 원하는 방향에서 온 것이 아니라고 할지라도 그 일을 하기로 했다면, 당신은 어떤 면에서는 그 일과 인연을 맺은 셈이다. 이 점을 통해 우리가 알 수 있는 것은 무엇인가?

당신도 현재 있는 그대로의 모습에서 출발해야 한다는 것이다. 과거에 그랬듯이 말이다. 지금 가지고 있는 게 전혀 없다고? 결코 그렇지 않다. 당신이 "난 가진 게 없어서…"라고 말하는 순간, 당신은 정말 가진 게 없는 사람이 된다. 당신은 적어도 글을 읽을 줄 알며, 채용 공고가 어디에 나는지 알고 있으며, 자신의 이력서도 쓸 줄 안다. 그리고 이 책을 읽는 사람이라면, 적어도 취직이나 취업 등 자신의 문제를 해결하고자 노력하는 사람임에 분명하다. 즉 자기 삶에 적극적이다.

수많은 이력서를 내 보았지만 허사였다고? 천만의 말씀이다. 당신의 이력서는 아직 10초 이상 시간을 할애해 줄 사람을 찾지 못했을 뿐이다. 만일, 무언가 빠져 있는 이력서라면 당신은 그 점을 발견하고 채워 넣는 것으로 다시 써 나가야 한다.

막연히 생각하는 좋은 일은 결코 일어나지는 않는다. 다행스럽게도 좋은 일은 지금 하고 있는 일, 지금 준비하는 일, 지금 가진 것 등… 모두 '지금'과 관련 있다. 거기서 출발한다.

만일 당신이 직장 생활을 몇 년 해보았고, 현재 이직·전직을 꿈꾸고 있다면 자기 업무 분야에 대해 가장 정확하게 분석해 보아야 한다. 자, 경력 제안서를 앞에 두고 적어 보자. 그동안 당신이 무엇을 해왔는지. 퇴고가 많을수록 꿈꾸는 목표에 한 걸음 더 가까이 다가간다.

많은 정보를 구하고 그것이 자기 삶의 토양이 되도록 노력하라. 성공하는 사람들의 특징은 현재 자신이 가지고 있는 것에서 출발했다는 사실이다. 하나하나 이루고 쌓아 나갈 때 당신은 반드시 무언가 얻게 되어 있다. 현재에서 출발하지 않고, 어디에서 출발한다는 말인가? 당신은 현재를 살고 있는 혜택을 톡톡히 누리고 있다.

| 경력 제안서 체크 포인트 |

• 누구나 세상을 살아가는 자기 지혜가 있다. 이력서를 쓰는 이유는 그 지혜를 보다 더 선명하게 하기 위해서이다. 자기가 신명을 바쳐 하는 일은 삶의 지혜를 만들고, 생활을 만들고, 꿈을 만들어 낸다. 당신이 쓰는 현재의 이력서는 바로 그것을 성취하기 위한 인생의 일정표, 계획표와 같다.

• 1페이지 경력 제안서를 앞에 두고 적어 보자. 당신이 그동안 무엇을 해왔는지.

지난 이력은 결코 지워지지 않는다. 다만 앞으로 당신은 그것을 바로 쓰고자 할 뿐이다. 이력서는 지금까지의 과정을 증명하는 문서다. 퇴고가 많을수록 당신의 이력서는 자신이 꿈꾸는 목표에 한 걸음 더 가까이 다가간다.

현 직장에서 이직 이유를 찾지 마라

이직·전직자들이 범하는 가장 큰 오류 두 가지가 있다.

첫째, 현 직장이 마음에 안 들어서 옮긴다.
둘째, 남의 떡이 커 보여서 움직인다.

이런 이유가 이직·전직에 흔히 나타나는 '오류'라고 한다면, 당신은 동의하겠는가? 이런 주장에는 분명 근거가 있다. 현재 다니고 있는 직장의 연봉이나 복지 여건, 근무 환경, 조직 문화, 대인관계, 과중한 업무 스트레스, 전망성 부재, 그리고 매우 개인적인 이유들 때문에 당신은 직장을 옮기려 할 것이다.

현재가 만족스럽다면, 이런 생각을 할 리도 만무다. 이처럼 현 직장이 '마음에 안 들어서' 옮기는 것은 매우 타당해 보인다. 그러나 '단지 그뿐일까? 문제는 바로 여기에 있다.

당신이 직장을 옮기려는 이유가 '현 직장'에 있는 한('현 직장의 문제' 내지 '현 직장에서 겪고 있는 당신의 문제'에 있는 한), 다른 회사에 간다고 해서 그 문제가 해결되는 것은 아니다. 그곳에도 똑같은 문제가 산재해 있으며, 같은 고민으로 다른 회사로 이직하려는 사람들이 있다는 얘기다.

앞서 첫번째 주장 때문에 옮기려고 하는 사람들은 다음을 검토해 보아야 한다.

❶ 직장 자체의 문제인가, 아니면 직장 내 자기 자신이 문제인가?

❷ 지금 직장이든, 새로 옮기려 하는 직장이든, 그것이 자신이 원하는 삶을 살게 해주는가?

❸ 당신은 계속 직장인으로 살아갈 수 있는가? 만일, 그렇다면 언제까지?

대개의 경우, ❶은 관점에 따라 갑론을박의 대상이 될 수 있다. 현 직장이 문제이든, 현 직장에 대해 불만을 가지고 있는 당신이 문제이든, 분명 한계 있는 이유다. 이 얘기는 어디까지나 '직장'이란 테두리 내에서의 고민이기 때문이다. 이직·전직에 대한 이런 접근은 자기 삶을 원하는 방향으로 끌고 나가기 어렵게 만든다. 당신에게는 한 차원 뛰어넘는 사고의 전환이 필요하다. 요는 자기 자신이다. 자기가 살고자 하는 삶의 관점, 비전이 마련되면 문제는 간단하게 해결될 수 있다. 이것은 구직 이상의 의미를 가지고 있다. 자신이 원하는 삶을 살기 위한 과정으로서 당신은 회사라는 곳에 취직해 당신의 시간과 노력을 투자해 왔다. 그런 과정에서 당신은 예전에 이력서를 썼었고, 또 직장 생활을 통해 경력이라는 것이 생겨 지금 이력서에 한 줄을 더 첨가하게 되었다. 임노동 사회를 상징하는 자기 기술서인 이력서는 이런 식으로 업데이트된다.

이제 당신은 자신의 이직 동기나 취직 동기를 '직장'에서 '자신'의 필요, 의지, 보람, 비전 쪽으로 되찾아와야 한다. 당신이 처음으로 사회생활을 시작했을 때, 이런 질문은 매우 신선했을 것이다. 그러나 지금은 잊혀진 지 오래다.

부양해야 할 가족이 있고, 노후가 아직 준비되지 않았는데, 무슨 소리냐고 반박할 수 있다. 하지만 이것이야말로 '천만의 말씀'이다. 당신은 머지않아 매우 길고 긴 인생의 '방학'을 맞이하게 될 것이기 때문이다. 그 방학이 얼마나 긴지 아는가? 적어도 정년퇴직 후 20~30년 동안이다. 이 긴 '방학' 동안 할 일을 지금 직장에서 찾기란 쉽지 않을 것이다. 경제적으로 노후 준비가 완벽하다면 이런 문제는 대수롭지 않은 일인가? 그렇지 않다.

당신에게는 활동할 '공간'이 필요하다. 그렇다면 당신은 현재 직장 생활을 하면서 '방학' 동안 할 수 있는 일을 찾기 위해 자기의 2차 경력을 쌓아 나가야 한다. 요즘 흔히 얘기하는 투 잡스 (two jobs)와는 개념이 다르다.

스스로 자기 삶의 전문가가 되어야 한다. 자신의 경험 중에서 이후의 시간을 풍요롭게 할 알파(α)를 창조해야 한다. 그것이 취직을 하거나, 이직 · 전직을 고려할 때 가장 중요한 기준이 되어야 한다. 현재의 일이 제공하는 보상 이상의 알파, 즉 자기 훈련을 위한 '시간'이 제공되어야 한다.

1페이지 이력서가 단순히 '취직용'이 아닌 이유가 바로 여기에 있다. 지금 쓰는 당신의 이력서에는 미래의 활동 공간이 마련되어야 한다. 그것을 현재 직장에서 찾으려는 자기 준비가 필요하다. 이 점이 직장을 옮기려 할 때 가장 신중하게 고민해야 할 사항이다.

문제의 핵심을 '직장'에서 철저하게 '자기 자신'으로 옮겨라. '직장 내 자신'도 아니고, '남들이 바라보는 자신'도 아니다. 이후 내가 어떻게 살 것인가, 바로 이 점이 현 직장에서의 지속성을 판단하고, 3직(취직, 이직, 전직)시 주요 고려 대상이 되어야 한다. 당신의 이력서는 그런 차원에서 재고되어야 한다.

두번째 이유, '남의 떡이 커 보여서 움직인다'를 살펴보자. 남의 떡은 언제나 크다. 실제 작아도 커 보이는 현상은 없어지지 않는다. 만일 "그 떡은 작지!"라고 한다면 "그 포도는 시어서 못 먹어!"라고 말하는 것과 다를 바 없다. 인정하자. 남의 떡은 다 크다고.

그러나 그게 전부일까?

사실 내 떡이든 남의 떡이든 떡은 그렇게 크지도 작지도 않다. 헤드헌터들은 남의 떡이 크다고 얘기하며 접근하겠지만, 그것은 사실이 아니다. 큰 떡은 큰 떡 나름대로 떨어지는 떡고물이 많을 수밖에 없다. 고액 연봉 수령자의 세금을 보라. 더구나 수입 대비 지출도 늘어난다. 여러 모로 떡고물이 그만큼 많이 떨어져 나간다. 더 많은 연봉이 부정적이라는 얘기는 절대로 아니다. 단기적으로 삶의 여유를 누리기에 도움은 된다. 장기적으로는 돈을 모으는 데도 도움이 된다.

그러나 분명한 사실은 이것도 '방학'을 준비하는 확실한 방법은 아니라는 점이다. 한 방편이 될 수는 있어도, 해결책이 될 수는 없다. 지금 당신에게 필요한 건 '돈을 모으고, 노후를 준비하는 모든 수단'이 방학 동안 즐겁게 보낼 '자기 일'과 연결될 수 있어야 한다는 것이다.

지금부터 방학 시즌 동안 사는 일을 위해 자기 경력을 계발하는 일을 찾아야 한다. 입사 원서에 서명을 하는 것은 역설적으로 모든 문제를 직장이 아닌, 자기 자신으로부터 찾고자 하기 위함이다. 그것이 바로 입사와 동시에 당신이 가져야 할 '은퇴 이력 지능'이다. 어떤 식으로든 3직의 이유를 현 직장에서 찾지 말고, 자신에게서 찾아야 하는 이유가 바로 이 때문이다.

| 경력 제안서 체크 포인트 |

- 성공적인 직장 생활은 은퇴 후 20~30년 동안의 길고 긴 방학 생활을 준비하는 것이다. 경제적인 여유와 소일거리 이상의 '일'을 찾아, 처음부터 3직을 고려하는 게 필요하다. 가장 성공적인 직업은 은퇴 이후에 생길 수도 있다. 이것이 '은퇴 지능'을 높이는 것이다.

- 자기만의 전문적인 이력서를 별도로 작성하라. 현재 일을 하는 동안에도 자기 이력서는 지속적으로 보정되어야 한다. 인생의 대미를 장식할 가장 중요한 이력에 초점을 맞춰라.

상대의 니즈(needs), 자기의 니즈를 알라

이력서는 철저하게 상대의 니즈에 맞춰 작성되는 자기 기술서이다. 따라서 지원하는 회사의 속사정까지 구체적으로 알고 있다면, 내용은 자연히 풍부해진다. 지피지기면 백전백승. 상대를 아는 것은 어느 병법에서나 강조하는 전략이고, 기본 사항에 해당된다.

이력서를 작성하는 최소한의 기준은 자기 적성에 맞는 일을 찾는 것이다. 여기에 관심사나 능력까지 맞으면 합격점이다. 우선 지원하려는 회사의 내용을 먼저 알아보자. 그것을 통해 자기를 바로 볼 수 있다. 좋아하지도 않는 일을 한다면, 그것은 자기 자신에게나 회사에도 불행이다.

자신을 위해서라도 지원하는 회사가 하는 일이 무엇인지 알아보자. 특히 신입사원일 경우에는 원하지도 않는 일을 하다 보면 어느덧 2~3년의 세월이 훌쩍 지나가 버리고 만다. 그렇게 되면 나중에는 그것이 경력이 되어 다른 회사로 옮길 때에도 그와 유사한 직무를 찾게 된다. 경력을 포기하기도 어렵지만, 어느 회사든지 "이런 일을 했었네"라며 이전 일과 유관한 부서로 보내는 경우가 대부분이다. 시간이 다소 걸려도 철저하게 자기가 원하는 일, 하고 싶은 일, 좋아서 미치는 일을 찾아보자. 그것이 성공의 지름길이다. 좋아서 하는데 성공하지 못할 일이란 없다. 이 점이 가장 중요하다.

학교 우등생들이 사회에 나가 성공하지 못했다는 얘기는 바로 이런 데 있다. 자신의 적성과 무관하게 1등을 하니까 법대에 갔고, 고시에 별 흥미 없이 뛰어들었다가 4년이 지나도 별 승산이 없자 마지못해 이번에는 대기업에 취직하게 된다. 회사는 그가 법대 출신이므로, 법무팀 내지 재경팀이나 인사 관리팀으로 발령을 낸다. 자신이 원했던 일은 정원 가꾸기, 조경업 같은 것이었는데 그 일은 이제 은퇴 후에나 바라볼 수 있게 되었다. 주말에 아이들을 데리고 수목원에 가면 "그곳이 죽고 싶을 정도로 좋다"면서도 결국에는 한 발자국도 움직이지 못하는 상황이 벌어진다. 이 일은 은퇴 후에 꼭 해보겠다고 결심하나, 가혹한 운명은 그가 심고자 했던 나무처럼 그를 은퇴 전 땅속에 묻어 버리는 것으로 끝난다. 최근 유명을 달리한 국내 30대 기업체 소속 모 임원의 삶이 이러했다.

자기 이력이 곧 자기 삶이다. 행동이다. 시간이다. 생활이다.

자기가 하고 싶었던 일이 있거든 절대로 미루지 마라. 직장 내 성공도 하고 싶은 일을 할 때 얻어진다. 성공한 사람은 자기가 원하는 일을 했기 때문에 성공한 것이다. 만일, 원하지도 않은 일에서 성공해 떵떵거리며 살고 있는 사람이 있다면, 그가 보냈던 불행한 시간을 계산해 보라. 그런 사람은 반드시 뭔가에 '맺혀' 있을 것이다. 그의 인생의 8할 이상은 대부분 그 잘난 성취를 위해 지속적으로 죽여 온 시간의 연속이었다. 그만큼 불행한 인생이란 없다.

성공적인 이력은 새로운 각성에서 출발한다. 자기의 니즈, 회사의 니즈를 동시에 보고, 양자를 타협(compromise)해 자기가 하고 싶은 최상의 일 쪽으로 몰고 가는 것이 바로 능력 아닌가?

각자 고유의 적성이 있다는 얘기는, 자신이 어디에 있어야 가장 큰 능력을 발휘할 수 있는지 잘 보여준다. 한 연구에 따르면 장군들이야말로 신참 병사를 다루는 데 가장 무능하다고 한다. 그의 능력은 병사들 위에 있는 참모진을 움직이는 데나 적격이라는 것. 소대원은 선임하사나 소대장이 더 잘 부릴 수 있다. 자신이 있어야 할 곳을 정확하게 알고, 그곳에 뛰어드는 사람만이 성공적으로 자기 경력 관리를 한다.

지금 당신이 이력서를 쓰고 있다면, 다음과 같은 원칙들을 우선 검토해 보라.

| 경력 제안서 체크 포인트 |

❶ 지원하는 회사의 사회적 사명, 산업 분야 및 업적, 시장 점유도를 파악하라. 이것이 서로의 니즈를 파악하는 첫 단계이다.

❷ 지원하는 분야에 대해 자신이 기꺼이 하고 싶은 일인지, 끌리는 정도를 평가해 보고, OK다 싶으면 자기 경력과 능력을 구체적이며, 사실적으로 기술하라.

❸ 하고 싶은 일이라면 반드시 입사해야 할 이유가 있을 것이다. 인사 담당자의 눈에 들게(그가 당신의 이력서를 10초 이상 볼 수 있게) 이력서를 정성껏 만들어라. 이력서에서 내용과 형식은 따로 구분되지 않는다. 특히 경력자라면 인사 담당자의 관심이 당신의 경력 사항에 있다는 사실을 인지하고 만전을 기하라.

❹ 자신이 일한 이전 직장의 업무를 굵고 강한 긍정적 이미지로 표현해 내라. 특히 자신의 업적 성과를 중심으로 강조하라. 그러나 모든 것을 자신이 다 했다고 한다면 반드시 거부감을 불러일으킬 것이다. 지나치게 과시하지 말자. 누구도 믿지 않는다.

❺ 당신은 빡빡한 인사 담당자와도 편하게 얘기할 수 있는 사람이라는 인상을 주어라. 이것은 협상시 당신이 유연하게 분위기를 주도하도록 도와준다. 커버 레터, 자기소개서 같은 별지는 이렇게 자연스런 커뮤니케이션 공간을 제공할 수 있다.

❻ 일관성 있는 사람이라는 인상을 심어 주어라. 횡설수설 얘기하면 인사 담당자는 단박에 당신 이력서에 대고 이런 말을 할 것이다. "골때리는군!" 미안한 얘기지만, 그들의 인격을 너무 믿지 마라. 사람은 안 보는 데서는 무슨 말이든 한다. 그렇게 한다고 그의 귀가 당나귀 귀라는 것은 아니다.

❼ 명확하고 분명하게 제시하되, 반드시 예의를 갖추어 써라. 특히 지원 분야(professional objective)나 '희망 연봉' 같은 데서 애매모호하게 기술하면 협상시 불리해진다. 경우에 따라 인사 담당자들은 당신을 '대충 아무 부서에건 보내려 하거나' 콩나물값 깎듯이 당신의 연봉을 깎으려고 할 것이다. 그렇다고 자기 연봉이 올라가는 것도 아닌데 말이다.

❽ 입사 후의 이력만큼 중요한 것이 없다. 당신이 만나는 사람과 하는 일은 당신의 이력에 평판이라는 것을 얹어 주기 시작한다. 인간관계에 유념하라. 나를 아는 사람들이 나를 일으켜 세우고, 넘어뜨린다.

이력서에는 '보이지 않는 힘'이 작용한다

어떤 조직이든 공통점이 있다. 능력 있는 회사는 긍정적인 공집합이 있다. 강한 에너지, 밝은 사내 분위기, 사람들의 얼굴에 드리워진 미소, 영업사원의 활달한 모습, 상사로 보이는 사람의 친절한 말투, 뿌듯함을 느끼게 하는 회사 인지도, 의욕을 불러 일으키는 사업 목표, 어색하지 않은 회의실 분위기 등. 그러나 무능한 조직은 그 반대다.

가능하다면 지원하는 회사에 한번 가보자. 첫눈에 모든 것을 알아볼 수는 없을 테지만, 대부분 느낌은 온다. 그리고 십중팔구 그 느낌은 들어맞는다. 마찬가지로 당신의 이력서도 이렇게 밝고 긍정적인 면을 드러내도록 써야 한다. 당신의 이력서에서 능력과 자신감 그리고 친절과 겸손함까지 느껴지게 하라. 커버 레터나 자기소개서는 이 부분에서 상당한 도움이 될 수 있다.

당신은 이력서가 도달하는 곳, 즉 지원하는 회사의 생리를 제대로 파악해야 한다. 그곳에는 도처에 온갖 형태의 내부 정치가 상존하고 있으며, 보이지 않는 힘이 작용하고 있다. 들어갈 때나 들어가서도 당신의 이력서는 그 '힘'과 만나게 되어 있다. 조직 내 생존은 사실 주어진 환경에서의 생존을 의미한다. 성공적으로 입사를 했다고 하더라도 그후에 당신이 만나게 될 회사 내 복병은 바로 이런 '보이지 않는 힘'에 있다.

입사를 위한 이력서는 그 자체로 '서바이벌 게임'과 맞닿아 있다. 수많은 이력서들 중에서 당신의 서류가 건져져야 하지만, 너무 튀면 결코 간택되지 않는다.

이력서를 쓸 때 지원하는 회사에 대해 잘 알고 있다면 이미 유리한 고지를 점한 셈이다. 서로간에 판단 미스를 줄이는 데 효과가 있다. 한편으로 '보이지 않는 힘'의 정체를 파악할 수 있어 입사 후의 처신에도 도움이 된다. 어느 줄에 서는가에 따라 당신의 이력서가 채택되기도, 아니면 쓰레기통으로 들어가기도 한다. 세상은 이처럼 대단히 놀라운 편견에 사로잡혀 있다.

당신의 이력서는 이처럼 '보이지 않는 힘'을 뚫고 들어가는 것이다. 지금 이직을 고민하고 있다면, 다음 사항을 중요하게 검토해 보라.

| 이력서 작성시 검토해야 할 주요 요소 |

❶ 자신을 볼 것. 자신이 원하는 일을 찾을 것.

❷ 지원하는 회사를 볼 것. 지원한 부서 사람을 만나 얘기를 들어볼 것. 그러나 얘기하는 사람도 편견이 있을 수 있다는 사실을 감안할 것.

❸ 입사 후 내부 정치보다는 진정한 자기 가치를 추구할 것. 결국 실력 있는 사람을 밀어 내면 당신에게는 더 좋은 조건에 경쟁사로 넘어갈 수 있는 스카웃 기회가 주어진다는 것을 조직 내 '정치인' 들에게 자연스럽게 알게 할 것. 그리고 이를 반드시 보여줄 것.

❹ 분명히 '갈 데' 가 있을 것. 이 점은 자신의 능력을 의미하는 것 이상이다. 세상의 모든 자리는 사실상 비어 있다는 앞의 주장에 힘을 실어 주자. 당신이 능력이 있다면 말이다.

❺ 헤드헌터만을 너무 믿지 말 것. 그들의 직업은 '사람 장사' 일 뿐이라는 것을 직시하자. 어차피 그들도 고객이 없으면, 속수무책이다.

❻ 헤드헌터를 신뢰할 것. 사실 이 말은 언뜻 ❺의 논리와 달라 보이지만, 그래도 그들은 당신보다 전문가라는 사실을 알자. 전문가란 그것으로 밥을 먹고사는 물리가 트인 사람을 지칭한다는 것을 알 것.

❼ 보이지 않는 힘을 슬기롭게 이용할 것. 하지만 회사 내 '정치, 외교' 전문가를 목표로 하지는 말자. 그 분야에는 반드시 정적(政敵)이 있게 마련이므로 그러한 사실을 알고 나면, 당신은 승자가 되어도 두 배나 피로할 수 있다는 것을 알아야 한다. 적을 다 몰아 내고 나서 지쳐 쓰러지는 40~50대 임원들이 얼마나 많은지 주변에서 볼 것.

이력서의 주도권은 당신이 쥐고 있다

이력서를 쓰고 보낼 때, 명심해야 할 사항이 있다. '마음대로 상상하지 말라'는 것이다(이는 전방 부대 초병 근무 수칙 중의 하나이다). 짝사랑을 할 때도, 계약 성사 단계에 있는 사업에서도, 인사 담당자의 질문이나 인터뷰에서도 이 원칙은 마찬가지로 적용된다.

당신은 남의 속마음, 속사정을 다 알고 있지 못하다. 특별한 장치가 작용하는 것이 아니라면 이력서를 보낼 때 채용 여부는 '그저 모른다'는 것이다. 여기에 큰 의미를 부여하지 말자.

이력서는 현재까지의 사회생활 기록부이다. 동시에 성장 기록이기도 하다. 현재까지의 사실만 기록하고, 가능성이 예측되는 곳에 던져지는 서류다. 이력서가 다른 점은 바로 이것이다. 자신의 미래까지 얘기하고 싶을 때는 나머지 두 서류를 활용하면 된다. 당신의 미래는 아직 아무런 피드백도 받은 적이 없다.

성공적인 이력서는 서로 열애에 빠질 수 있도록 관심에 소구하는 것이다. 서로가 서로의 필요성을 강하게 느낄 때 당기게 된다. 이력서를 쓰고 있는 지금으로서는 상대의 느낌을 아직 알수 없다. 그러나 분명한 사실은 지원하는 회사가 구인하고 있고, 모집 분야와 자격 조건 등이 버젓이 제시되어 있다는 것이다. 이런 정보는 당신이 그 회사와 열애에 빠질 수 있는 충분한 자기 조건이 무엇인지를 잘 보여준다. 그것만으로도 당신은 상대에 대해 어느 정도는 알고 있는 셈이다.

지원 회사가 무엇을 원하는가? 이 회사는 특히 어떤 점을 필요로 하고 있는가? 당신의 세일즈 포인트(sales point)는 무엇인가? 이런 점들이 주요 기술 항목이다. 이력서는 결국 다자간 협상을 위한 서류다.

상대방의 입장에서 써라. 심사하는 사람들의 입장을 충분히 고려하라. 그들이 이해하지 못하거나, 흥미를 잃는다면 '다음'이란 없다. 고졸 이상이면 누구나 다 알아볼 수 있도록 이력서를 써야 한다. 이력서는 일반인을 위한 서류이지, 전문가를 위한 매뉴얼이 아니다. 어떤 특별한 이력의 소유자라고 해도 상대방으로 하여금 내가 무슨 일을 해왔고, 나의 능력이 어느 정도인지 쉽게 알 수 있도록 해주어야 한다. 이건 정말 큰 능력이다. 신도 당신이 무엇을 했는지 모를 수 있다. 하물며 인간이야!

상대방에 대한 배려란 이력서가 인사 담당자의 손에 10초 이상 머물게 하는 것이다. 이력서의 모든 항목을 적을 때에는 반드시 처음 목표를 기억하라. 목적을 잃을 때엔 결코 고객의 눈을 끌지 못한다.

취직이라는 목표를 달성하기 위해 과정상 당신의 이력서는 인사 담당자의 손에 들어가게 된다. 그가 당신을 만나고 싶은 긍정적인 결정을 내리게끔 그의 인상, 판단, 심지어는 선입견까지도 도와줘라. 당신은 지금 시간과 지식, 경험을 팔기 위해 자기 상품 카탈로그를 작성하고 있는 것이다. 당신의 고객이 이력서를 읽어 보지도 않고 그냥 쓰레기통에 버린다면, 그 모든 노력은 허사가 되고 만다.

이력서를 쓰고 있는 당신은 지금 자신을 판매하고 있다. 잘 팔

리게 하려면 판매 매력을 높여라. 상대가 의심하지 않고 받아들일 수 있도록 신뢰라는 장치를 이력서 곳곳에 집어넣어라. 예컨대 소비재 상품 마케팅 부서 일을 담당할 사람을 뽑고 있는데, 생산 기술직이 지원한다면 결과는 불을 보듯 뻔하다. MBA 출신을 찾고 있는데, 국내 대학만 나와서는 역시 불리한 입장에 놓일 수밖에 없다.

이처럼 이력서를 쓰면서 당신은 현재의 상황이 어떤지 정확하게 알아야 한다. 이를 통해 지원하는 회사를 아는 일뿐만 아니라, 자신을 알게 되는 것이다. 성공적인 이력서는 수요-공급 법칙에서 항시 수요를 유발시키는 측면이 있다. 당신의 이력서가 공급에 맞추는 것이 아니라, 수요를 창출하는 것이라면 특별히 훌륭한 이력의 소유자일 가능성이 높다. 적어도 그 분야에서는 말이다.

그러나 가장 훌륭한 이력서 기술 조건은 상대방의 입장에서 쓰는 것이다. 상대방은 당신의 이력서를 알아보지 못할 권리도 함께 가지고 있다. 역설적으로 그렇기 때문에 당신은 그에게 이력서를 보내는 것이 아닌가! 좌절을 맛본 이력의 소유자라고 해도 너무 주눅 들지 마라. 그 회사는 뜻밖에 전혀 다른 사업 분야로 진출할 때 당신을 부를 수도 있다.

이력서를 보내고 나면 당신은 성공적인 취직을 위해 한 단계 작업을 마무리한 것이다. 그것은 언젠가 다시 이력서를 쓸 때까지 잊혀질 수 있다. 그러나 성공적인 이력의 소유자는 자기를 위해 이력서를 계속 쓰고, 그것을 가다듬는다. 그만큼 자기 관리에 철저하다.

결국 지원한 회사가 불러 줘야 가겠지만, 갈지 안 갈지를 결정하는 것은 당신 권한 내에 있다. 이력서를 쓸 때에는 상대방의 입장을 생각해서 쓰겠지만, 수용하거나 거절할 때에는 자기가 주도권을 쥐게 되는 것이다. 결국 직장 선택의 결정권은 당신이 쥐고 있다.

| 경력 제안서 체크 포인트 |

- 이력서는 지금까지의 사회생활의 기록이다. 성장 기록이기도 하다. 성공적인 이력서는 자기 자신에 대해 쓰는 것이다. 더불어 상대방의 입장을 충분히 고려하는 것이다. 상대방과 서로 열애에 빠질 수 있도록 1페이지 문서로 교환하는 것이다.
- 이력서는 다자간 협상을 위한 서류다. 1:1에서 1:다로 발전한다. 상대방과의 협상에 유리해질 수 있도록 설득력 있는 이력서를 써라. 그것은 서류상의 문제가 아니라, 자기 경력에 스스로 설득력을 가지고 있어야 한다.
- 읽는 사람의 입장에서 써라. 그가 무슨 말인지 모르거나, 흥미를 잃는다면 '다음'이란 없다. 이력서는 일반인을 위한 서류이지, 전문가를 위한 매뉴얼이 아니다. 나를 알게 하는 능력만큼 큰 것은 없다.

당신의 이력서를 보고 당신이라면 고용하겠는가?

당신이 채용되는 이유는 무엇이라고 생각하는가?

분명 당신을 고용하는 회사의 가치 창출을 위해서다. 당신에게 일자리를 제공하는 것은 '고객'이다. 이 말은 그 진부함에도 불

구하고 여전히 진실이다. 마찬가지로 당신의 회사를 지탱시켜
주는 것도 역시 고객이다.

당신의 일자리는 고객을 유지하고 생산해 내는 역할을 할 때 존
재한다. 그런 의미에서 당신은 '더 큰 고객'을 창출해 내기 위한
자원이다. 기업에서 당신과 같은 사람을 뽑는 일을 담당하는 곳
을 인적 자원(Human Resource) 부서라고 부르는 이유가 여기
에 있다. 인사 부서의 주요 업무는 기업이 '돈을 벌기 위해' '사
람을 버는' 일을 하는 것이다. 사람을 벌면 돈을 벌 수 있다. 너
무 간단한 이치 아닌가?

당신은 이력서를 통해 그들의 기대에 부합하는 사람이라는 것
을 보여주어야 한다. 당신의 이력서는 그들과 대화하기 위한 첫
단계 서면 인터뷰이다.

당신의 이력서가 어떤 상황과 변수를 만나 어떤 운명을 겪게 될
지 지금으로서는 알 수 없다. 그렇다면 당신이 지금 할 수 있는
일이란 무엇인가? 바로 자기 이력에 집중하는 것이다. 스스로
고용할 만한 자기 이력을 만드는 것이다. 그것이 터무니없이 자
신에 대한 과대평가에서 나오는 게 아니라면, 당신은 어디선가
반드시 부름을 받게 되어 있다.

사실 훌륭한 이력을 가진 사람들은 무척 많다. 소위 일류대 출
신에, 빵빵한 배경에, 해외 유학파에, 게다가 등에는 하나같이
낙하산 아니면 그와 비슷한 커다란 우산이라도 하나씩 메고 있
는 사람들은 얼마든지 있다. 영어, 일어에, 중국어까지 능통한
사람들도 얼마든지 널려 있다. 그들은 뛰어나다. 그것은 그들이

다양한 형태로 노력한(또는 능력의 한 형태로 갖고 있는) 덕분이다. 그렇다면 당신은?

만일 그러한 조건을 갖추지 못했다면, 당신이 지금까지 쌓아온 이력은 그리 매력적이지 않을 수 있다는 것을 의미한다. 이것은 나쁘거나 부족하거나, 아예 처지는 이력에 대한 평가 기준과는 별개의 문제다. 누구나 자기 이력서 상의 어떤 실적에 대해서 생각만 해도 자부심이 넘친다. 그런 당신에게 한 가지 질문을 던져 보자.

앞의 이력서와 당신의 것을 동시에 놓고 당신이 채용자 입장에 있다면 과연 어디로 손이 갈지 말이다. 명품을 갖고 싶은 건 누구나 마찬가지다.

그런 논리라면 지금 당장 회사를 때려치우고 유학이라도 가야 한다는 말인가? 절대 그렇지 않다. 지금부터 당신은 아주 중요하게 자기 분석에 들어가야 한다.

우선 나는 누구인가? 자기 자신에 대해 분석하라. 이력서에 들어가는 주요 항목에 대해 스왓(SWOT) 분석을 하라. 각 항목, 예컨대 학력, 경력(경력은 세분화하라), 인적 관계, 전문성, 생존력, 직업 자체의 지구력 차원에서 자기를 평가하라. 어학 능력, 글로벌 에티켓 등은 기본이다.

다음의 십자형 도표에서 자기의 현 좌표를 정확하게 잡아라. 그리고 그것을 상단으로 이동시킬 수 있는 수단과 노력을 강화하라. 예를 들어 40~50대 퇴직자들이 패자부활전에서 승리하는 경우는 그들이 '패배자'가 아니었기 때문에 가능한 것이다. 그

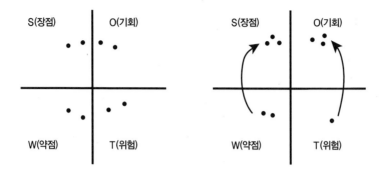

들은 상단 좌표에 숨겨져 있던 자기 가치를 찾아내 재무장시킨 사람들이다.

시간이 있을 때 하자. 스스로 고용하고 싶게끔 자기 이력을 만든다면, 그것은 취직 이상의 의미를 지닌다.

| 경력 제안서 체크 포인트 |

• 만일 당신이 '인적 자원' 이 아니라면 당신의 이력서는 인사 담당자의 손에서 10초를 버티기 어려울 것이다. 이미 입사해 있는 사람이라도 당신의 인사 파일이 언제든지 문서 분쇄기 앞으로 던져질 수 있다는 것을 명심하고 자기 계발에 최선을 다하라.

• 스스로 고용할 만한 자기 이력을 만들어라. 스스로 매력적이지 않은 이력은 남들도 찾지 않는다.

• 자기 자신에 대해 분석하라. 이력서에 들어가는 주요 항목에 대해 SWOT 분석을 하라. 필요한 모든 것에 대해 평가하라. 당신은 자신에 대한 인사 업무를 게을리해서는 안 된다. 결과를 알았거든, 흐뭇한 미소를 짓거나, 쓴웃음을 짓거나 알아서 해라.

업그레이드 유어 커리어!

직장인 중에 많은 사람들이 연봉에 가장 큰 관심을 보인다. 연봉은 직장인의 주요한 가치 평가 기준이다. 더구나 생계 수단 아닌가? 이 말은 어떤 경우에도 틀리지 않는다. 특히 연말 정산 시기나 연봉 협상 시기가 다가오면 평소 일 속에 파묻혀 있던 사람들도 이런 생각으로 한두 번쯤 흔들린다.

같은 회사 동료로 근무하다가 갑자기 더 좋은 조건에 다른 회사로 옮기는 사람을 보게 되면, 당장 자리를 박차고 일어서고 싶은 심정이다. 이직하는 사람들에 대해 가장 궁금해 하는 것도 '연봉을 얼마 받고 가느냐'이다. 자기보다 연봉이 적었던 사람이 자기가 받는 연봉의 1.5배에서 2배에 가까운 돈을 받고 다른 회사에 스카웃되어 갔다는 말을 들으면 배가 아프고 질투가 난다.

성공적인 이직 루트가 어떻게 되는지를 물어보면, 상대방은 십중팔구 "누가 끌어 주었어. 나는 좀 다르니까!"라는 표정을 짓는다(심지어 대놓고 자랑을 늘어놓는 사람들도 있다). 이처럼 자신의 성취를 신화로 만들고자 하는 인간의 오랜 욕망은 개인의 이력 관리에도 그대로 드러난다. 이런 상황에 놓이면 누구나 자신은 뭔가 크게 뒤져 있다는 위기감을 느낀다.

하지만 현 직장을 떠나 더 나은 조건에 다른 직장으로 옮겼다고 해서 당신의 커리어가 업그레이드되는 것은 아니다. 내가 진정 '업(up)'되어 그런 기회가 찾아온 것인지, 상대 회사의 시급한 조건이나 임금 구조 때문에 그렇게 된 것인지를 정확하게 파악해야 한다. 조건은 언제든지 바뀔 수 있다. 만일, 성과가 기대에 못 미친다면 말이다.

커리어 관리 상담가들은 하나같이 성공적인 커리어를 위해 어느 한 분야에 집중하라고 말한다. 과연 이 말은 맞는 것인가? 예를 들어 마케팅 업무를 하다가, 개발 업무를 2~3년쯤 하고, 다시 수출입 부서에 가서 일을 하게 되었다면? 더구나 첫 직장은 일반 소비재 유통 회사였고, 두번째는 인터넷 회사였으며, 세번째는 무역 회사에 근무한 경력이라면?

대부분의 인사 담당자들과 헤드헌터들은 이런 이력에 대해 별로 탐탁해 하지 않는다. 그들은 단일한 경력, 일관성 있는 관련 분야에서의 경험을 중시한다. 잡다한 경력은 다 쳐내고, 기업 고객〔그들은 이들을 '클라이언트(client)'라고 부른다〕에 맞는 이력만을 집중해서 강화하도록 충고를 듣게 된다. 그러나 정말 그런 사람만이 성공적으로 경력 관리를 하는 것일까?

절대로 그렇지 않다. 대부분 그들의 이력은 따로 손보지 않고 '바로 쓸 수 있다는' 점 이외에 별다른 장점이 없는 경우도 많다. 물론 해당 분야에서 전문가적 경력 배양과 소양을 갖고 있는 것은 매우 중요하다. 그러나 이것은 그가 해당 분야에 관해서만 그렇다는 얘기다.

내 주변에는 사방팔방으로 튀는 경력의 소유자들이 많다. 르네상스형 인물들도 있다. 그들의 특징은 취직형보다는 창업형. 회사원보다는 자영업이라도 자기 사업을 하는 사람들 유형이 여기에 해당된다.

물론 분야에 따라서는 일관성 있는 경력이 가장 중요한 분야가 있다. 예컨대 연구직이 그렇다. 차세대 섬유 연구자가 인터넷 쇼핑몰 쪽으로 뛰어드는 것은 바람직한 현상이 아니다. 그러나 일반적으로 사업은 전문 영역과 일반 영역이 중첩된 경험이 필요할 때가 많다. 전문 영역이 중요하냐, 일반 영역이 중요하냐는 것은 경우에 따라 다르다.

성공적인 커리어 매니지먼트란 무엇인가?

현재 하고 있는 일에서 유관 분야로 조금씩 자기 경험을 확장해 나가는 것이다. 그것은 앞에서 설명했듯이 '방학 시즌'에 당신이 할 수 있는 일을 찾기 위해서도 매우 중요하다. 사실 기업의 모든 일은 궁극적으로 한 가지를 지향한다. 말하자면 수익 창출이다. 따라서 자신과 회사를 위해 필요하다 싶으면 두루두루 경험을 쌓는 것이 중요하다. 요즘 IT업계에서의 영업 담당자들은 기술을 모르고서는 비즈니스 회의조차 참석하기가 어렵다. 개발 백그라운드가 있고, 거기에다 마케팅 경험, 해외 영업 경험까지 갖추고 있다면 금상첨화다. 그러나 이런 사람을 인사 담당자들이나, 헤드헌터들이 다 알아보는 것은 아니다. 그들은 직업을 뛰어넘는 선견력을 자신의 잡 조건으로 삼고 있는 사람들이 아니다.

모든 가능성의 문을 열어 두어라. 신입사원(전공 이외에 아직 특화된 사회 경력 분야가 미미한 경우)이라면, 다양한 경험을 쌓는 것이 회사의 요구에 부응하는 것이다. 당신은 조만간 그런 사실을 알게 될 것이다. 경력사원들이라면 좀더 스페셜한 분야에 가장 보편적인 경험도 더 얹어라. 무엇을 올려놓느냐에 따라 음식의 맛과 종류는 달라진다. 물론 가격이 달라지는 것도 두 말할 나위 없다.

경력자가 이직을 고려할 때 반드시 살펴보아야 하는 것은 그 일이 '자신의 경력 범위를 확장시킬 수 있는 일인가' 하는 점이다. 단일 경력만큼이나 한 경력이 지닌 범위도 중요하다. 커리어 업그레이드가 전제되지 않는 한, 직장을 바꾸는 것만으로는 유용한 가치를 만들어 내지는 못한다.

결국 가장 궁극적인 커리어 업그레이드는 자기가 자신을 쓸 수 있도록 만드는 것이다. 현재 직장에서의 연봉이나 여타 조건들은 자기 경력을 '업'시키기 위한 하나의 방편이다. 하지만 연봉 자체는 자기 고용을 위한 충분조건이 아니다. 자기 고용까지 염두에 둔다면 회사가 원하는 그 이상을 해낼 자신감과 노력이 뒤따라야 한다. 당신의 커리어는 지금 가장 큰 도전에 직면하고 있다. 그것은 오랜 시간 부단한 자기 노력과 혁신을 요구한다.

업그레이드의 '업(up)'은 수준을 높이는 것만을 의미하지는 않는다. 무엇보다 '적응'을 전제로 한다. 당신의 이력서는 적응하기 위한 자기 기술서가 아닌가?

모든 사람들이 누군가의 인정을 받기 위해 이력서를 쓴다. 모든 이력은 자기 자신이 가장 잘 안다. 이에 대해 잘 모르겠다면 전문가를 찾아가 조언을 구하라. 그들은 적어도 한두 마디쯤 도움이 되는 말을 해줄 것이다.

- 커리어 관리에서 가장 중요한 고려 대상은 바로 자기를 확장하는 것이어야 한다. 확장성이 고려되지 않는 커리어는 지속성과 유용성이 의심을 받을 수밖에 없다.
- 진정한 커리어 업그레이드는 조건에 맞게 '적응'해 나가는 것이다. 환경 유연성을 전제로 한 자기 경력 관리가 성공을 부른다.

경력에 윤기가 흐르게 하라

잘된 밥에는 기름기가 자르르 흐른다. 그런 밥을 보면 자연히 군침이 돌고 시장기까지 느낀다. 알맞은 일조량과 수분 그리고 영양분이 양질의 쌀을 만들어 낸다. 경력도 마찬가지다.

당신의 이력서를 받아든 사람이 가져야 할 느낌이 있다면, 바로 이런 것이어야 한다. 싸구려 기름을 잔뜩 발라 빠닥빠닥한 인상의 이력서가 아니라, 수준 높은 경험과 인간관계가 있을 것으로 짐작되는 그런 이력이어야 한다. 이런 이력서의 주인공들은 대개 사회생활과 인간관계가 풍요롭고, 회사 업무에 도움이 될 것으로 짐작된다. 커리어란 관계 속에서 만들어지는 콘텐츠이다.

사실 기업체에서 학력과 출신 배경, 이전 직장에서의 활동 등을 살펴보는 이유는 활용 가치 때문이다. 어느 직장이나 사회적으로 소외된 계층을 선호하지는 않는다. 우리 사회는 실력보다는 그런 풍조가 지나치게 만연되어 문제를 야기한다. 실력이 우선하고 그 다음에 갖춰져야 할 조건들이 선후가 바뀌었기 때문에 핵심 인재가 발굴되지 못하는 것이다.

직장인으로 사회생활에 뛰어드는 순간부터 당신이 염두에 두어야 할 것이 바로 이 점이다. 경력 관리, '커리어 셀프 매니지먼트(career self management)'가 그것이다. 회사는 당신의 커리어에 대해 관심을 갖고 있는지 모르지만, 책임은 손톱만치도 가지고 있지 않다.

고졸이나, 대졸까지의 학력은 사회 첫 출발의 순위를 결정한다. 실적으로 보여줄 것이 사실상 거의 없을 때이므로 학력이 판단의 주요 근거가 된다. 선입견, 잘못된 학력 풍조 때문이라고 해도 현실이 그렇다. 흔히 2류, 3류니 지방대니 하는 소외 학력을 옹호하기 위해서 일류대 출신을 일부러 삐딱한 시선으로 볼 필요는 없다. 그들은 그만큼 대가를 지불하고 일류대에 간 것이 아닌가? 편향된 시각은 결코 경력 개발에 도움이 되지 않는다. 어느 대학을 나왔느냐가 중요하지 않다는 것은 현실과 동떨어진 얘기다. 인정할 것은 인정하고, 대안을 만들어 가다 보면 당신은 의미 있는 이력 관리에 성공하게 될 것이다.

학력만이 아니라, 다양한 영역에서의 자기 관리가 가능하다. 도전받는 분야는 언제나 새로운 국면을 만들어 내는 변수를 가지고 있다. 이력서는 다양한 국면 전환을 선포할 수 있는 선언서 내지 책서(策書)가 될 수 있다.

이력서는 자신을 지원 회사에 프러포즈하려는 목적에서 작성된다. 따라서 인사 담당자가 거부할 수 없는 무엇인가를 당신은 언급해야 한다. 이력의 핵심 사항이 경력이다. 경력을 통해 당신은 지금까지 이룩한 업적 중에서 앞으로 해야 할 일과 연관되는 것을 '특별히' 강조해야 할 필요가 있다.

이를 위해 기업에서 필요로 하는 경력을 최대한 멋지게 포장하는 기술도 필요하다. 때로는 다양한 경력을 강조하는 것이 필요하지만, 너무 많은 경력을 내세워 본인의 강점을 흐려놓아서는 안 된다. 헤드헌터들이 잡다한 경력은 가지 치기하듯 쳐내라고 하는 것은 당신의 활동 내용, 즉 경력을 명확하게 보여주기 위해서다. 이런 상품화 과정은 당신을 왜곡시키기도 한다. 하지만 이력의 핵심만 추려 내는 능력도 자기 상품성을 높이는 기획력 아닌가?

자기 이력을 윤기 나게 포장한다는 것은 경력 관리와 함께 자기 자신을 가다듬는 자세까지도 포함한다. 이런 작업은 사실 신입 사원 때부터 착실히 준비해 나가는 것이 중요하다. 왜냐하면 계속 떨어지는 물방울의 낙하 연습은 반드시 바위에 자기의 이력을 남길 것이기 때문이다.

| 경력 제안서 체크 포인트 |

• 사회생활에 뛰어드는 순간부터 '커리어 셀프 매니지먼트' 프로그램을 가동하라. 가장 보편적인 자기 경력 관리는 업무 능력, 전문성, 어학, 교우관계, 직장 지능 같은 것이다. 이러한 것들은 철저하게 자신이 준비하지 않으면 안 된다.

• 능력이 평등한 조건에서 나온다고 생각하면 오산이다. 경쟁 우위를 확보해 나가는 것이 자기 경력 관리다. 그럴 때 경력엔 윤기가 흐른다.

80/20의 법칙

회사를 떠나려는 상당수 사람들에게서 보여지는 문제점 중의 하나는 자기 가치가 현 직장에서 만들어지는 걸 간과한다는 사실이다. '홧김에' '상사와 다퉈서' '열 받아서' '무작정' 이직을 한다면 십중팔구 낭패를 보기 십상이다. 조직 내 교활한 경쟁자나 상사는 이런 '퇴출'을 의도적으로 유도하기도 한다.

만일 당신이 이렇게 무모하게 행동을 취한다면, 당신은 자기 이력을 그들에게 내맡기는 꼴이 된다. 그럴수록 당신은 모든 면에서 불리해진다.

이직·전직은 하나의 명확한 기준, 즉 자기 계발을 위해 필요한 전략적 조치여야 한다. 여기에는 연봉, 복지, 승진 조건 등 모든 것이 포함된다. 바로 당신이 이직·전직을 통해 얻고자 하는 연봉의 기준을 현 직장은 제시한다. 현 직장 내에서의 승진, 성공이 중요한 이유가 바로 이 때문이다. 성공적인 이직·전직은 현 직장의 승자들에게 주어지는 것이지, 패자들에게 주어지는 것이 아니다. 오히려 현 직장만 못한 조건이 제시된다.

많은 직장인들이 '스카웃'을 염두에 두거나, 화젯거리로 삼는 것은 바로 현재의 조건보다 업그레이드되어 이직하는 것을 염두에 두기 때문이다. 그러나 현실은 그렇지 못한 경우가 더 많다. 소위 '명퇴'라고 하는 것은 하향 취업의 가능성을 예고한다. 은퇴 후의 재취업도 마찬가지.

성공적인 자기 경력 관리는 이직시 연봉에 결정적인 영향을 미친다. 대개의 경우 헤드헌터들을 통한 이직은 현 연봉에서 최소

20%, 많으면 1.5~2배에 이르는 연봉 조건을 제시한다. 물론 현재 일하고 있는 곳이 대기업이라면 옮기는 곳에서 제시하는 조건이 여러 측면에서 다를 수 있다. 특히 대기업에 있을 때에는 눈에 보이지 않던 자녀 학비 보조금, 치과 보철료, 어학 연수비 제공, 재량권 있는 부서 경비 지출 등이 없어질 수 있다. 많은 외국 회사들은 연봉 중심으로 이직 조건을 제시해, 실제로 계산해 보면 이전 직장 연봉의 1.5배를 받고 이직을 했다고 하더라도 오히려 실질 소득이 낮아지는 경우가 있다. 이 모두를 수입에서 메운다고 생각해 보라. 후회막급일 것이다.

헤드헌터들이 얼마의 연봉 조건을 제시하면, 그 회사가 제시하는 학자금, 관인 유치원비, 치아 보철비 등의 부가 급여(fringe benefits) 조건을 반드시 살펴보라. 어느 회사나 이런 복지 혜택이 반드시 있게 마련이다. 만일, 이런 조건을 물어보았을 때 얼버무리는 회사가 있다면, 아예 이직 대상으로 염두에 두지도 마라. 그런 회사일수록 시스템으로 돌아가는 것이 아니라, 어느 누군가의 독단에 의해 굴러가거나, 주먹구구식으로 돌아가는 경우가 허다하다.

당신이 이직시 받게 되는 연봉 조건은 바로 당신의 현재 가치에 근거한 것이다. 영문 이력서에 "References provided on request"라고 씌어 있는 문구는 '현재' 자신과 관련되어 제시할 수 있는 사실을 레퍼런스로 하겠다는 것을 뜻한다. 거기에는 당신의 지난 이력 및 현재의 이력과 관련된 모든 것들이 포함된다. 현재를 잘 매니징(managing)해야 이직 조건을 유리하게 만들 수 있다. 앞으로 받게 될 연봉 조건은 현재 만들어지고 있는 것이다.

80/20 법칙은 일반적으로 매출의 80%를 20%의 고객으로부터 거두어들인다는 이론이지만, 이는 연봉 전략에도 적용된다. 다음 직장에서 받고 싶은 연봉의 80%를 현 직장에서 만들어라. 앞으로 받고자 하는 연봉을 100으로 놓아라. 그 기준에 맞춰 당신은 8부 고지를 향해 현재의 직장에서 모든 성과를 이루어 내야 한다. 80 자체가 업그레이드되지 않으면, 옮기는 직장의 100도 작을 수밖에 없다. 어떤 직장의 100은 어느 회사의 60~70% 수준에도 미치지 못한다. 싸게 먹겠다는 회사일수록 발전 전망이 없다. 이익 실현이 안 되어서 그런 측면도 있겠지만, 싼값에 사 온 사람들이 회사가 목표로 하는 실적을 달성하리라고 기대해서는 곤란하다. 인재는 비싼 값에 사 와서 최상의 성과를 내도록 독려할 때 제 값 이상을 발휘한다. 물론 잘못 사 오면 기름만 잔뜩 먹어치우는 똥차도 있다는 것을 알아야 한다.

자신의 가치에 만족하는 사람은 거의 없다. 더 좋은 직장을 구성하는 요소 중의 하나는 분명 다른 회사에 있는 것이 아니라, 현재 자기 자신에게 달려 있다. 당신의 80이 누구나 수긍할 수 있는 수치이고, 분명한 실적 아래에 있다면, 당신의 이력서가 제시할 100은 그보다 훨씬 크다. 당신은 지금 퍼센트 게임을 하고 있는 것이다. 100%를 달성하는 사람은 희소성의 원칙에 부합되는 소수 몇 퍼센트들일 뿐이다. 그들에게 항상 더 큰 기회가 주어진다. 80/20에 착안하라. 경력의 빈익빈 부익부 현상은 더 커지고 있다.

| 경력 제안서 체크 포인트 |

• 이력서는 언제나 과거와 현재를 레퍼런스로 한다. 현재 이력에 포함되어야 할 것
은 미래를 매니징하기 위한 당신의 조건이다. 그 조건을 강화시켜 나가라. 당신
의 유리한 조건은 거기서 만들어진다.

• 80 자체를 업그레이드하라. 100을 염두에 둘 것이 아니라 어디서 받게 될 100
인가가 더 중요하다. 그것이 실질적으로 100을 평가하는 기준이다. 당신이 생각
하는 80을 회사가 인정하기 시작한다면, 당신은 점점 더 희소 가치를 지닌 사람
이 될 것이다.

기회다 싶으면 두말 말고 뛰어들어라

이력서는 결단과 행동을 보여주는 개인사적으로도 매우 중요한
문서다. 이 서류를 통해 당신은 취직이라는 기회를 잡고, 새로
운 인생 경력을 시작하는 것이다. 이를 위해 무엇보다도 중요한
점은 기회 앞에 손을 뻗는 것이다. 결국 당신은 이런 실행을 위
해 이력서를 쓰는 것이다.

놓친 기회를 두고 사람들은 언제든지 다시 그 기회가 찾아온다
고 말한다. 또 어떤 사람들은 기회란 오는 때가 있고, 시기를 잘
잡는 것이 무엇보다도 중요하다고 말한다. 둘 다 맞는 말이다.
그러나 기회의 특징은 다른 데 있다. 기회가 문 앞에 왔을 때 막
상 그는 힘이 다 빠져 너무 미약하게 문을 두드린다. 간신히 알

아듣고 문을 열면 언제 그랬냐 싶게 재빠르게 도망친다. 어느 것이 진짜인지 알아보기도 어렵다.

성공적인 이직·전직 기회도 이와 같다. 제대로 알고 바로 '이 때다' 싶으면 결행해야 한다. 때를 놓친 기회는 기회가 아니라, 불운한 기억으로 남는다.

사실 모든 경력은 어디로 향할지 잘 모른다. 그것은 당신이 아무리 잘해도 산업 전반의 흐름에 따라 자리를 잃게 되거나, 전직해야 하는 경우가 발생하는 것과 같다.

구조 조정의 칼바람을 일으키고 마지막으로 자기 자리까지 정리하라는 지시를 받게 된 어느 임원은 양심상 자신이 정리한 직원들의 재취업을 돕다가, 고용 안정 센터에서 일자리를 잡게 되었다. 그 무렵 속된 말로 '잘렸던' 직원들 중에는 창업을 해 사장 명함을 들고 OB(old boy) 모임에 나오고 있는 이들도 있다. 이처럼 이력은 앞서거니 뒤서거니 하며 움직인다.

경력은 사회 흐름과 동떨어져 독립적으로 나타나지 않는다. 그렇기 때문에 당신의 이력서는 미래형으로 재구성될 필요가 있다. 기회가 닿을 때마다 미래형으로 자기 이력서를 다시 시뮬레이션해 보라.

길고 긴 인생의 방학 동안에 당신이 할 일을 구상해 보라. 그러다 보면, 당신은 은연중에 그 기회가 문을 두드리는 소리를 들을 수 있을 것이다. 그럴 때 얼른 뒷문으로 슬쩍 나가 그놈의 뒷덜미를 움켜쥐고 도망치지 못하도록 하라. 포옹하고 절대로 놓지 마라. 그것이 당신이 해야 할 일이다.

- 이력서의 가치는 그것이 1페이지로 된 결단과 행동의 문서라는 데 있다. 당신은 바로 그런 문서를 세상에 돌리는 것이다. 누군가 당신의 서류를 볼 수 있게끔 당신은 자기 결단을 강화할 필요가 있다.
- 모든 이력서는 미래형으로 재구성되어야 한다. 기회가 닿을 때마다 이력서를 다시 시뮬레이션해 보라. 그러다 보면 언젠가 기회의 노크 소리를 듣게 될 것이다.

일하기 위해 옮기고, 옮기기 위해 일하라

이력서를 쓸 때 원칙 사항: 떠날 준비를 먼저 하라.

아마도 장난 삼아 이력서를 뿌리는 사람은 없을 것이다. 소위 자기가 아무리 잘 나가는 사람이라고 할지라도 구애를 테스트하기 위해 이력서를 이곳저곳 돌리다 보면 언젠가는 반드시 실연당하게 되어 있다. 이력서를 뿌리는 사람은 언제나 이 점을 명심해야 한다. 직장을 새로 잡거나 옮기는 것은 장난 삼아 하는 일이 아니라는 것을 기억하자. 신뢰에 금이 간다. 그것은 기업체에서도 마찬가지다.

인사 담당자들도 업계에 종사하는 사람들의 아이디어나 문화, 정보 따위를 얻기 위해 채용 목적 이외로 면접을 보아서는 안 된다. 채용과 관련되어 가끔 이런 일이 벌어지는데, 이는 반드시 시정되어야 한다. 어떤 광고 회사의 경우 순간적 재치나 아이디어를 얻기 위해 자사에서 진행하는 프로젝트의 스케치를 해보라고 공모해 놓고는 이를 채용과 무관하게 업무에 반영하다 항의를 받은 적도 있다.

회사의 획기적인 영업력 강화 방안을 제시하라고 해놓고는 채용과 무관하게 이를 악용하는 사례도 빈번하다. 물론 채용에 대해 아무런 의사 결정도 내리지 않고 외부인의 시간과 생각을 빨아들이려는 목적으로 면접을 보거나, 헤드헌터를 이용하는 사례도 빈번하다. 채용 공고에 비용이 발생하지 않는 인터넷 공고가 주로 그렇다. 문의해 보면, 연중 검토중. 연중 채용 방식을 악용하는 경우다. 주로 인사 시스템이 아직 갖추어지지 않은 신생 기업들에서 이런 일이 발생한다.

이런 일은 두 경우 모두 결코 공정하지 않다. 그것은 서로에게 큰 손실일 수밖에 없다. 당신이 기업체 인사 담당자라면 잘못된 관행을 만드는 데 일조해서는 안 된다.

당신은 사회생활을 하며 가끔 이력서를 쓸 수 있지만, 언제까지나 쓸 수 있는 것은 아니다. 언젠가 당신의 이력서는 곧바로 인사 담당자의 휴지통에 들어가게 되는 날을 맞이한다. 그의 책상 밑에는 언제나 휴지통이 준비되어 있다는 사실을 명심하라. 함량 미달의 이력서나, 은퇴 후 재취업을 위한 이력서가 대부분 이런 식으로 운명을 맞이한다.

직장 생활에서는 언제 이직을 결심하는 것이 좋을까?

앞서 얘기한 대로 최상의 시기는 '마디'가 지는 시기다. 이때가 이력의 빈 부분을 채워 나가기에 가장 적당하다. 물론 그때를 모르고서는 성공적인 이력 관리를 하고 있다고 볼 수 없다. 특별한 일이 없는 한, 대개의 경우에 홀수 연도가 일반적이다. 3,

5, 7, 9, 11, 15, 17, 21 정도. 이 시기는 대부분 승진과 맞물려 있다. 대학을 졸업하고 취직 후 대략 3년이면 대리급이 되는 시기이다. 5~7년이면 과장, 9~11년이면 차장, 15~17년이면 부장 내지 이사급으로 승진한다. 그리고 21년이 넘어서도 임원이 되지 못했다면, 당신은 매우 운이 좋거나, 끈기 있는 사람이거나, 아니면 누구도 탐내지 않는 일을 하고 있는 사람일 것이다.

좀더 그럴듯한 회사에 다니고 있는 사람들은 그들이 하고 있는 일이 남들에게도 관심의 대상이 된다는 이유로 쉽게 도전을 받는다. 이력서를 쓰는 당신이 명심해야 할 것이 있다. 인기 업종이 언제까지나 인기직은 아니라는 점이다. 첨단 업종일수록 경쟁의 밀도(density)가 높아 실제로는 먹을 게 없는 경우가 허다하다. 또 이름값도 못하는 경우가 태반이다. 또 1등 아니면, 나머지는 별볼일 없는 업종도 부지기수다.

업종의 특성상 언젠가 떠날 수밖에 없다면, 앞서 배운 현 직장에서의 자기 관리 지능을 최대한 이용해 자기가 하고 싶은 일쪽으로 전직을 고려하라. 나이가 들면 전직은 고사하고 이직조차 어려워지는 경우가 대부분이다.

일자리는 언제나 차고 넘친다. 앞서 말한 것처럼 사실상 다 비어 있다. 그러나 당신이 확신을 주는 인력이 아니기 때문에 그 일자리는 그대로 고정되고, 기업체는 여전히 인력 기근 현상에 허덕인다. 대졸 신입사원으로 처음 사회에 발을 내딛는 것이라면, 재학중에 이런 고민을 해야 한다.

세상에 대해 별로 아는 것 없이 우리는 학교를 갔고, 학과를 선택했다. 그러다 보니 인기학과 집중 현상이 벌어진다. 대학을 졸업하고 군대를 갔다 오거나 석사 과정도 마치게 되면 거의 서른에 가까운 나이가 된다. 근 10년 정도 차이가 난다. 그렇다면 미래의 전공을 스무 살 전후에 결정한다? 아무리 훌륭한 결정이라고 하더라도 다 맞아떨어질 수는 없다.

당신이 지금 직장을 옮길 수 있다면, 당신은 아직 젊다는 것을 의미한다. 그렇기 때문에 지금 당신에게 필요한 일은 자기 계발에 모든 힘을 기울이는 것이다. 당신은 끊임없이 변화하는 환경 속에 살고 있다. 꾸준히 갈고닦지 않으면 자기 본모습을 드러내기 어렵다.

이력은 어떤 것이든 자기 결단력이 없으면 능동적인 변수를 만들어 내지 못한다. 실행하기에도 겁이 난다. 그러나 언젠가 떠날 것이라면, 빨리 떠나라. 그것이 더 좋은 결과를 이루어 낼 수 있다. 삶의 활력도 더 크게 느끼게 되고, 준비 시간도 훨씬 더 길어진다.

나이 들어 전직을 꿈꾸고 있는 사람이라면, 되도록 크게 요동치는 사업 영역보다는 큰 변동 내지 변수가 없는 쪽을 택하는 편이 낫다. 예를 들면 크지도 작지도 않는 시장 분야가 좋다. 가물다가 크게 홍수가 터지는 그런 사업 영역이 아니라, 졸졸졸 흐르는 시냇물 같은 사업 영역이 좋다는 얘기다. 전문적이거나 특수한 시장을 점유하고 있는 분야는 아직도 얼마든지 있다. 사양 사업에도 정해진 시장은 있게 마련이다. 그런 분야일수록 아무나 뛰어들지 않는(뛰어들지 못하는) 법이다.

일반적인 직장인이라면, 앞에서 말한 홀수 시기에 맞춰 이직을 한번쯤 고려해 보는 것도 괜찮다. 너무 한 곳에만 머물러 있다 보면, 세상 돌아가는 것을 잘 모르고 그 자리에만 안주하게 된다. 자신이 하고 있는 일에 대해 세상 누구나 의미를 부여하는 것은 아니다. 그것은 자기만족과 별개의 문제다. 어느 때가 되면 자신도 모르게 습관이 생긴다.

그동안 모르고 일했다면, 이제 떠날 수 있다는 생각을 하고 준비하라. 자기가 하고 싶은 일을 찾아 새롭게 이력서를 쓰는 당신은 삶의 다양한 면을 발견하는 놀라운 경험을 하게 될 것이다. 너무 늦으면, 출발할 때의 기쁨밖에는 누릴 게 없다. 직장과 사회생활이란 일하기 위해 옮기고, 옮기기 위해 일하는 곳이다. 이런 연속선 상에서 자기 이력이 만들어지고, 그보다 앞서 자기 삶이 형성된다.

| 경력 제안서 체크 포인트 |

• 이력서를 쓸 때는 언제나 떠날 준비를 먼저 해야 한다. 이력서를 쓰는 최상의 시기는 당신이 자기 빈 부분을 느끼고 찾아내는 때이다. 가끔 이력서를 쓰는 행위 자체가 각성제 역할을 하기도 한다.

• 언젠가 떠날 수밖에 없다면, 현 직장에서의 자기 관리 지능을 이용해 자기가 하고 싶은 일 쪽으로 전직을 고려하라. 떠나려면, 빨리 떠나라. 나이 들어 묻히면 썩을 확률이 높겠는가, 발아될 확률이 높겠는가? 그것을 잘 판단하고 행동하라.

• 나이 들수록 다른 방식으로 경쟁하는 분야를 찾아야 한다. 풍부한 경험, 연륜, 인간관계에서 우러나오는 영향력, 깊이, 중후한 맛 등이 사업에 있다면 더욱 좋다. 시장은 전문적이거나 특수한 시장을 점유하고 있는 분야가 좋다. 지키는 것도 전투의 방식이다.

5 새롭고 핵심적인 전략 이력서(실전)

1페이지에서 다 하라

여기서 강조하고 싶은 사항은 너무 간명하다. "1페이지에서 다 하라"는 것이다. 커버 레터와 자기소개서가 있다고 하더라도 그것은 결코 1페이지 이력서를 대신하지 못한다. 첨부 서류에 불과하다. 이력서 작성 방법을 제시하는 거의 모든 책들이 작성 자체를 너무 길게 설명하고 있다. 그래서 별로 도움이 되지 않는다.

소개하는 이력서 작성법도 여러 가지다. 이럴 때는 이런 식으로, 저럴 때는 저런 식으로. 직능 중심, 경력 중심, 연대기적, 연대순, 역연대순 등 형식도 다양하다. 그러나 어느 방식이 더 낫다고 말할 수는 없다. 인사 담당자들은 꽉 찬 당신의 상품 내용을 알고 싶어한다. 이력서에서도 형식은 내용을 보조해 주는 포장지에 불과하다. 당신이 좋아 보이는 가장 간단한 형식 한 가지만 취하면 된다. 이 책에서 예를 든 샘플 하나면 충분하다. 중요한 것은 형식 자체가 아니라, 그런 형식을 빌려 당신이 얼마나 간결하고 강하게 자기를 드러내느냐 하는 데 있다.

1페이지로는 부족하다고? 쓸 경력이 훨씬 많다고? 다 쳐내라.

그래도 경력 사항이 넘칠 때에는 1페이지는 요약, 다음 페이지에서 세부 사항(detail)을 기술하라. 만약 채워야 할 내용이 1페이지가 넘을 때에는 '계속해서(continued)'를 첫 장 맨 밑줄 오른쪽에 적어 주고(넘기는 손이 닿는 곳에 적어 주는 게 효과적이다), '이름'과 'Page 2'를 둘째 장 맨 위에 적어 주어라(이 부분은 처음으로 눈이 가 닿는 부분이다). 더 간단하게는 'Page 1 of 2(Page 1/2)' 방식도 무방하다. 인사 담당자들은 수많은 서류 속에서 당신의 것을 꺼내다가 다음 페이지를 놓칠 수도 있다. 이것은 상대를 위한 배려이다.

다시 한 번 강조하건대 한 장에서 모든 것을 다 하라. 명확성은 에너지를 낳는다. 명확성이 당신의 가능성을 더 쉽게 드러내 준다. 한 장의 A4 용지로 다 쓰지 못할 이력이란 없다.

| 경력 제안서 체크 포인트 |

• 짧게 더 짧게. 강하게 더 강하게. 분명하고 명확하게 상대를 배려하라.

'Resume'는 'Summary(요약)'란 뜻

우리나라 구직자의 95%가 이력서를 써 보았고, 어딘가에 제출한 경험이 있다. 또 취직한 사람들은 대부분 이력서를 써 봤다는 공통점을 가지고 있다. 이 한 장의 서류가 가진 영향력은 그 범용성만큼이나 크다. 이력서의 중요성과 영향력은 당신이 생각하는 것 이상이다. 단 1페이지에 불과하다고 해도 어마어마한 자기 마케팅 도구(self-marketing tool)이다. 자본 없이도 수익을 만들어 내는 서류이기도 하다.

이 한 장의 서류는 당신이 지원하는 회사에 제시하는 1인 기업의 자기 제안서(proposal)이기도 하다. 이 이력서 한 장은 당신이란 재원이 경쟁 시장에서 고객을 만나 팔려 나가는 대상이라는 것을 보여준다. 동시에 기업과 세계를 움직이는 주체라는 것도 보여준다. 이 한 장이 담고 있는 내용은 무궁무진하다. 그 자체로 인생 역정이 드러나 있다. 영어로는 'Personal History' 또는 'Curriculum Vitae'라고도 한다.

하지만 개인사적 기록이라고 해서 대책 없이 늘어놓는 식으로 쓰는 것은 아니다. 이력서란 그것을 보는 사람을 배려해 자기를 알리는 홍보용 문건이기 때문이다. 인사 담당자가 당신을 위해 할애하는 시간은 단 10초. 그 시간 내 당신의 이력서는 1차 검토용 박스에 담겨야 한다. 면접용 파일에 꽂혀야 한다. 만일 그렇지 못하다면, 당신의 이력서는 매우 훌륭한 내용에도 불구하고 실패작이 된다. 이것은 당신의 이력이 실패작이라는 얘기는 절대 아니다. 그렇기 때문에 이력서는 10초 내 당신을 알리는 요약서(summary)이지 '주절이 페이퍼'가 아니다.

이력서 작성시 대원칙 중의 하나는 내용을 압축하는 것이다. 잊지 마라. 상대는 당신에게 단 10초만 할애할 뿐이다. 그 점을 명심하고, 이제부터 10초 내 상대의 시선을 끌 수 있도록 핵심적인 전략 사항을 이력서에 집어넣어 보자. '백독이불여일작(百讀而不如一作; 한 번 쓰는 것이 백 번 읽는 것보다 낫다)이다.

시선을 끄는 헤드라인을 뽑아라

이력서에 표현되는 각 라인(line)은 당신 인생의 리드(lead) 문장이다. 이력서는 첫 줄에서 대부분 승부가 난다. 이력서 리뷰는 몇 라운드로 진행되는 경기가 아니다. 첫 줄에 모든 것이 들어가야 한다. 매우 복잡다단했을 당신의 사회생활을 단 한 줄로 압축해 내는 능력을 인사 담당자들은 보고 싶어한다. 물론 압축형 표현 방식이 눈길을 끄는 것은 당연하다.

예컨대 다음을 보자.

- 회사 업무의 일환으로 마산 소재, 플라스틱 사출 설비 보유 회사 매입 업무 활동 (1992~1993)

  ➡ • 전략적 M&A 추진(플라스틱 사출 공장 인수 건/ '92~'93)

- 해외 CB 발행차 뉴욕 지점에 파견 근무중 MBA 취득(1994. 6.)

  ➡ • 해외 CB 발행(뉴욕 지점)

  • MBA 학위 취득(1994. 6.)

화살표(➡) 다음 표현들은 간략하면서도 강한 이미지를 남긴다. 짧고 선명하게. 이것이 이력서에서 사용되는 문장의 미덕이다. 헤드라인에서 더 읽을지, 말지를 인사 담당자들은 순간적으로 결정하게 된다. 1단계에서 상대방의 눈을 잡으면 절반은 성공한 셈이다.

나비처럼 날아서 벌처럼 쏘아라

당신에게 할당된 시간이 단 10초라는 점을 알고 나면, 당신은 상대방의 시간을 함부로 쓸 수 없다는 사실을 알게 될 것이다. 상대방이 얼마나 바쁜지 알 테니까 말이다. 그가 올바른 판단을 내릴 수 있도록 배려해 주는 것도 당신의 능력이다.

한 장이 넘을 때 요약본을 제시하는 것은 그의 관심과 시간을 경제적으로 활용하게 도와준다. 또 다음 페이지에서 추가 시간을 더 활용할 수 있는 절호의 기회가 된다.

컴팩트(compact)하게 자신의 장점을 알려라. 상대방이 집중할 수 있도록 말이다. 거부 반응을 일으키지 않도록 상대방을 배려한 가운데 나비처럼 날아서 벌처럼 쏘아야 한다. 상대방의 눈언저리가 퉁퉁 붓도록 말이다. 그러기 위해서는 예리한 접근 방법이 필요하다. 키워드 배치, 요약, 생략, 강화는 바로 이런 장치들이다.

이력서를 쓸 때 중요한 사항 중 하나는 요약해서 전달하는 것이다. 이런 주문은 그런 것을 두고 하는 말이다. 사실 이것은 모든 제안서가 취해야 할 원칙이다. 10초 프로젝트는 이런 작전을 수행하기에 넉넉한 시간이다. 만일 당신이 직장을 잡는 전문가가 되고자 한다면 말이다.

| 이력서에 느낌을 집어넣는 방법 |

❶ 자신의 상품 가치를 높여라. 당신의 이력서에는 '가치'가 묻어 나와야 한다. 기업이 원하는, 기업이 추구하는 목표에 따른 가치를 꽉꽉 채워 넣어라.

❷ 과거를 통해 미래가 예측되는 이력서를 써라. 당신이 고용되는 이유는 화려한 과거 전적 때문이 아니라, 앞으로 기대되는 업적 때문이다. 그 점을 주지시켜라.

❸ 당신의 이력서가 경쟁사로 넘어갔을 때, 그들의 심기가 불편해질 수 있다는 것을 그들 스스로 알게 하라. 다만, 당신이 나서서 이 점을 강조한다면 오히려 역효과가 날 수 있다. 주의해서 표현하라. 잡 마켓엔 먹지 못하는 감은 오히려 발로 짓밟아 버리는 심술꾼들이 얼마든지 있다는 것을 잊지 말자.

❹ 프로 근성을 가져라. 당신의 가치를 그들이 한눈에 알아보기를 바라는 것은 돌부처가 당신의 심중을 헤아려 보기를 바라는 것과 크게 다를 바 없다. 알려라, 찾아가라, 만나라. 그들은 반드시 호불호의 느낌을 갖게 되어 있다. 적극적인 행동을 취하는 것이 그냥 수많은 서류 더미에 묻혀 버리는 것보다 백배 낫다.

❺ 진솔하라. 기획, 이벤트, PR이 득세하는 세상 같아 보이지만, 사실은 사람에 대한 꾸준한 믿음을 뛰어넘는 힘이란 없다. 솔직하고 진실되게 써라. 아무리 현란한 문구를 늘어놓는다고 할지라도, 누구나 속을 훤히 들여다보고 있다.

❻ 밝혀라. 자신의 경쟁력 있는 부분을 상대방이 알게 하라. 상대방은 그것을 알고 싶어한다. 왜 이 사람을 뽑느냐는 질문에 그도 대답할 분명한 이유가 있어야 한다. 인사 담당자의 대답을 궁색하게 만들지 마라. 그 대답을 당신의 이력서가 대신 말해 주게 하라.

경력은 현재부터 이전 경력순으로 써라

우리는 지금까지 이력서를 쓸 때, 대부분 과거로부터 현재로 거슬러 올라오며 기술해 왔다. 영문 이력서의 경우에만 현재 다음에 과거 사실을 배치해 왔다. 그러나 조사 결과 국문 이력서에도 새로운 서술 방식이 필요하다는 사실이 밝혀졌다.

현업의 인사 담당자들은 지원자가 지금 무엇을 하고 있는지를 가장 궁금해 한다. 시간 활용법을 조사한 결과 인사 담당자들은 앞의 별로 중요하지 않은 이력을 스킵(skip)하는 데 적어도 처음 2~3초를 쓰고 있었다. 대부분의 이력서가 도입부에 현재 일이 아닌, 과거의 경력을 다루고 있기 때문이라는 것.

이제 이런 방식의 서술은 폐기되어야 한다. 현재부터 써라. 당신이 어느 고등학교를 졸업했다는 것이 오늘날 사회적 커리어를 만드는 데 무슨 영향을 미친단 말인가? 당신이 나온 고등학교가 인문계인지 상업계인지가 당신을 알리는 데 핵심 요소인가? 대졸자라면 어느 학교에서 무엇을 전공했는지에 먼저 눈길이 가게 되어 있다. 이런 사실만 알아도 당신은 적어도 2초는 벌고 들어가는 셈이다.

다시 강조하건대 인사 담당자들은 당신이 현재 무슨 일을 하고 있는지 알고 싶어한다. 그 니즈에 맞춰 직장에 관한 것이든 학교에 관한 것이든 이력은 재배치되어야 한다.

시간상의 순서는 최근 것부터 시작해 이전의 것으로 기술해 가라. 어느 누구도 당신을 오래전 과거의 사실로부터 판단하려 들지 않을 것이다. 그것을 유심히 살피는 사람은 오로지 당신의 정적(政敵)이거나, 회사 내 경쟁자들뿐이다.

적절한 키워드를 사용하라

효과적인 단어(effective word)를 사용할 수 있어야 한다. 이력서에는 '유효 단어'라는 게 있다. 경쟁력 있는 유효 단어가 이력서 중간중간에 키워드로 삽입되어야 한다. 이런 키워드가 당신을 알리고, 당신의 이미지를 강화시킨다. 입사 관련 서류에서 말하는 '효과적'이라는 얘기는 밝고(bright), 강하며(intensive), 긍정적이고(positive), 주도적이며(leading, initiative), 실행적(implement)인 단어들을 말한다. 이런 키워드들은 당신의 이미지를 긍정적으로 형성한다.

그런 단어의 예로 다음과 같은 것들이 있다.

| 예 A: 자기를 표현하는 밝고 강한 표현의 키워드 |

적극적인(aggressive)	유능한(competent)	성실한(conscientious)
효율적인(efficient)	체계적인(systematic)	성실한(sincere)
활동적인(dynamic)	신뢰할 수 있는(dependable)	헌신적인(dedicated)
창조적인(creative)	정력적인(energetic)	책임 있는(responsible)
적응력 있는(adaptable)	의욕적인(motivated) 등.	

| 예 B: 업무를 설명할 때 써야 하는 밝고 강한 표현의 키워드 |

촉진하다(accelerate)	수행하다(accomplish)	달성하다(achieve)
분석하다(analyze)	운용하다(conduct)	획득하다(achieve)
확장하다(expand)	실행하다(execute)	발휘하다(exercise)
증대시키다(increase)	개선하다(improve)	혁신하다(innovate)
조정하다(mediate)	협상하다(negotiate)	지명하다(nominate)
제안하다(propose)	강화하다(reinforce)	개정하다(revise)
간단하게 하다(simply)	해결하다(solve)	성공하다(succeed) 등.

이런 단어들을 적극적으로 활용해 당신의 이력서가 강한 '힘'과 '의지'를 가진 서류라는 인상을 상대로 하여금 불러일으켜야한다.

같은 낱말을 반복해 사용하지 마라

어떤 글은 읽다 보면 식상하고 지루해지는 경우가 있다. 이런 현상은 같은 단어를 반복해서 사용할 때 주로 발생한다. 같은 소리를 반복해서 듣고 싶은 사람이 어디 있겠는가? 이런 것을 잔소리라고 하지 않는가!

마찬가지로 같은 단어를 반복적으로 사용하면 당신의 이력서는 빈약해 보이기까지 한다. 작문 원칙에 따라 이런 표현은 탄력 있게 바꿔 써라. '뛰어난'은 '우수한' '탁월한' '유능한' '눈에 띄는' 등으로 바꿀 수 있다. '지속적인'은 '계속적인' '연속적인' '꾸준히 이어서' 등으로 바꾸어질 수 있다. 마찬가지로 '확장'은 '확대' '신장'과 번갈아 사용할 수 있다.

단어 선택 면에서도 피동형은 능동형으로 고쳐서 표현하는 게 훨씬 보기에 낫다. 같은 낱말의 사용은 당신이 그리 내세울 게 없는 사람으로 비쳐질 수 있으니, 각별히 주의해서 사용하라. 여기에는 세심한 배려가 필요하다. 필요하다면 '동의어 사전'이라도 펴놓고 참고하면서 써 보자. 하지만 가장 좋은 방법은 이력서 작성을 도와줄 조언자를 찾는 것이다. 그것이 여러 모로 시간이 절약되고, 효과적이다.

'인자하신 어머님'과 '엄하신 아버지'가 왜 그렇게 많은지?

자기소개서는 이력서의 보충물이다. 학력 및 경력 사항 이외에 대인관계, 가치관, 성격, 조직 적응력, 책임감, 성실성, 커뮤니케이션 스킬 등을 보여 주는 것이다. 자기 스스로 마련한 프리젠테이션 기회라는 말이 더 적합할 것이다.

자기소개서를 쓸 때 두 팔 걷어붙이고 말리고 싶은 게 있다면, '뻔한 얘기'는 제발 삼가라는 것이다. 자기소개서에 절대로 '인자하신 어머님 밑에서' 내지 '엄격한 가정교육을 받고' 같은 말은 쓰지 마라. 거기서 당신은 적어도 3초 이상 까먹는다. 게다가 '인자하신 어머니'가 경력과 상관이 없을 때는 더욱 말이다. 그런 내용은 읽는 이에게 과연 당신이 세상 밖으로 나와 도전하려는 사람인지 의심이 가게 만들 수 있다. 정말 인자하신 어머님의 도움으로 당신이 건실하게 성장했다면, 열심히 돈 벌어서 숙연한 마음으로 효도하면 된다. 지금 이 10초 전쟁중에는 '인자하신 어머니'를 잠시 잊고, 그 촌각을 자신의 경력 사항, 지원 동기, 직장 가치관, 간략한 배경 등을 설득력 있게 표현하는 데 사용하는 것이 더 좋다.

10초를 더 압축적이고, 효과적으로 쓰려면 당신은 자신의 어떤 점이 회사에 이익을 가져다줄 수 있는지 바로 그 점에 초점을 맞추어야 한다. 처음에 예의를 갖추고, 바로 그 다음 상대방을 단번에 끌어당길 만한 말로 공략하라. 자기소개에 뭉그적거리면 상대방은 당신이 결코 열정적인 사람이 아니라고 생각할 것이다. 당신이 상대방을 얼마나 뜨겁게 달구어 놓을 수 있는지, 그것을 보여주자. (Part 6에 소개된 '자기를 소개하는 방식을 알아라'를 참조)

상대방의 무의식을 자극하라

당신의 이미지는 지속적이며, 상대방에게 긍정적인 여운을 남겨야 한다. 당신은 아마 이런 경우를 접해 본 적이 있을 것이다. 거절하지도 못하고, 어정쩡한 상태에 놓여 있을 때, 상대방이 좀더 강하게 호소하고 나오면 그쪽으로 기울게 되는 그런 경험 말이다. 인생에서 머뭇거림은 언제든지 생겨날 수 있다. 그러나 그 머뭇거림에 묶여 있어서는 곤란하다. 당신의 이력서에도 바로 그런 장치들이 마련되어 있어야 한다.

긍정형 문장, 현재형 시제, 능동태, 끊고 맺는 말, 똑 떨어지는 자기 표현, 성공 암시의 표현 등은 상대방의 무의식을 유리하게 자극하는 데 도움이 될 수 있다.

다음의 예를 보자.

| **예:** 자신에게 긍정적인 이미지를 붙어넣는 표현 방식 |

• "어쩔 수 없는 상태에서 대학 2학년을 마치고 군대에 갈 수밖에 없었습니다."

➡ "국방의 의무를 조기 완료하고, 계획했던 졸업 및 유학 준비를 위해"

• "6개월 간 임금 인상이 30%나 동결되어"

➡ "6개월 간 회사 정상화를 위해 임금 30%를 반납하고"

• "생산성을 높인다고 전 공장을 가동했었습니다."

➡ "쇄도하는 고객 주문에 맞춰 생산성을 극대화시키고자 공장을 전부 가동시켰습니다."

• "매출 600억에 경상 이익을 20%로 잡고, 대략 120억 정도 된 것 같습니다."

➡ "매출 600억(경상 이익 120억; 이익률: 20%) 달성"

• "주어진 일은 발벗고 나섰습니다."

➡ "업무 외적으로도 남아 미진한 일들을 철저하게 개선시켰습니다."

• "남들에게 뒤떨어지는 것 같아 야간 대학원을 다녔습니다."

➡ "변화하는 세상, 혁신적인 자기 계발을 위해 야간 대학원에 등록해 다녔습니다."

앞의 예에서 살펴보았듯 뒤의 수정안들은 앞의 것보다 훨씬 더 긍정적인 메시지를 던져 주기에 유리해 보인다. 바로 이런 문구로 당신은 상대방의 무의식을 자기편으로 끌어당겨야 한다.

키워드를 잠복시켜라

다음의 내용을 비교해 보자.

• 관리 부서(해외 영업 부서의 요청에 따라 지원 업무 수행; 당해 시기 해외 지사 8개소 개점)

• 동남아 지사 파견 근무(회사 지시로 지역 점포 진출을 위해 기진출한 2개점 통합 시도. 자사 브랜드 제고 기대)

• 해외 영업 업무 총괄 수행(해외 계약 다수 체결; 양사 동의로 텍사스 오스틴 소재 관할 법원이 분쟁 조정시 제1법원으로 확정됨)

| 예 B의 경력 기술 방법 |

• 해외 영업 업무 총괄 수행(해외 계약 다수 체결; 당사 미국 지사가 위치한 텍사스 오스틴 소재 관할 법원을 제1법원으로 확정 조치)

• 동남아 지사 급파 및 지사 업무 인수(지역 상권 통합 목적 및 자사 브랜드 제고 차원)

• 관리 부서(영업 총괄 지원 업무 수행; 당해 시기 해외 지사 8개점 개점 공로)

〈예 A〉와 〈예 B〉를 비교해 보면, 다음과 같은 두 가지 명백한 사실을 알게 된다. 〈B〉는 상당히 적극적이고, 공격적으로 자신의 업무를 표현해 내고 있다. 반면 〈A〉는 주어진 업무를 수행했다는 느낌밖에는 주지 못하고 있다.

사실 〈A〉와 〈B〉의 차이는 표현상의 차이일 뿐이지, 내용이 다른 것은 아니다. 더구나 〈B〉에서 자신을 드러내는 키워드 사용은 인사 담당자에게 매우 긍정적인 이미지를 불어넣어 주기에 충분하다.

또한 배치 순서에서도 〈B〉는 자신의 이력서 타깃을 분명 해외 마케팅이나 영업 부서직을 대상으로 하고 있다. 반면 〈A〉는 표적이 흔들리고 있다. 〈B〉처럼 마케팅, 영업 부서를 지원하면, 해당 경력순으로 우선 재배치하고, 강조해야 한다. 키워드는 행간 사이사이에 다음과 같이 드러나게 할 수 있다(별색을 참조하라).

| **예 B** 해석 |

• 해외 영업 업무 총괄 수행❶(해외 계약 다수 체결; 당사 미국 지사가 위치한❷ 텍사스 오스틴 소재 관할 법원을 제1법원으로 확정 조치❸)

• 동남아 지사 급파❹ 및 지사 업무 인수❺(지역 상권 통합 목적 및 자사 브랜드 제고 차원❻)

• 관리 부서(영업 총괄 지원 업무 수행❼; 당해 시기 해외지사 8개점 개점 공로❽)

〈B〉를 엄밀히 분석해 보면, 사실 이력서의 주인공은 해외 영업 업무 수행시 얼마나 '총괄적'으로 업무를 진행했고(❶), 자기 회사의 입장을 충분히 고려했으며(❷), 또 유리하게(❸)했는지 이것만으로는 알 수 없다. 또 그가 과연 동남아 지사로 '급파(❹)' 되어야 할 만큼 상황이 급박했었는지, '지사 업무를' 그냥 미적지근하게 자기가 맡게 된 것인지, 아니면 급박하고 중차대한 문제의 해결사로 맞게 된 것인지(❺) 그 자체로는 알 수 없다.

그러나 〈B〉는 다양한 차원(❻)에서 그가 회사 일을 수행했으며, 심지어 관리 부서에 있을 때에도 영업 부서의 요구에 따라

피동적 지원 업무를 한 것이 아니라, 자신이 직접 나서서 진두 지휘하며 총괄 지원 업무를 수행(❼)한 것으로 되어 있다. 더구나 공로상 수상 여부는 알 수 없지만, 그 공로(❽)를 은연중에 드러냄으로써 뭔가 대단한 일을 했다는 암시를 주고 있다.

이 이력서에서 〈B〉의 키워드 잠복법은 다소나마 성공적으로 표현된 것으로 보인다.

연출은 그만 하자

이력서 검토 후 면접까지 진행한 상황에서 가끔 웃지 못할 일들이 벌어지곤 한다. 채용 담당자들은 서류상의 얼굴과 면접시 만난 대상자의 모습이 크게 달라 깜짝 놀라는 경우가 종종 발생한다는 것. 생각했던 얼굴과 너무나 판이한 얼굴이 '자기'라고 주장하며 나타나기도 한다는 것이다. 마치 100년 전에 하와이에 이민 간 사람들이 보내 온 결혼용 사진처럼 10~15년 전의 사진을 부쳐 오는 경우도 있다고 한다. 어떤 여자 지원자는 스무 살 한창 때의 모습을 찍은 사진을 보내 오는 경우도 있다고 한다. 지금의 나이는 서른세 살인데도 말이다.

이와 같이 인사 담당자들을 종종 헷갈리게 만드는 사진의 주인공들이 실전엔 있게 마련이다. 인터뷰 도중에 갑자기 사진과 달리 '변신한 여자'를 발견하게 되는 것은 물론이고, 지나칠 정도로 화장을 진하게 하고 나타난 지원자들도 있다. 어떤 경우에는 스튜디오에서 작정하고 촬영한 것도 있는데, 그런 사진의 특징은 은은한 조명에 얼굴도 화사하게 나오는 작품용이라는 것. 지나치게 연출 효과를 남용한 사진을 붙여 오는 지원자들 때문에 인사 담당자들은 골머리가 아플 지경이라고 한다. 또 어떤 때에는 사진과 아무리 대조해 보아도 상대방이 사진 속 인물인지 아닌지를 알 수 없어 물어보면, 고개를 숙이며 "최근에 약간 고쳤다"고 기어 들어가는 목소리로 고백하는 지원자들도 더러 있다고 한다.

이런 시도를 하고자 하는 사람은 명심하라. 간혹 그래픽은 진솔한 자기 모습을 못 보게 한다는 것을. 웃는 사진은 좋다. 하지만 지나친 편집, 배경 화면 처리한 사진은 당신에 대한 신뢰감을 떨어뜨린다. 이처럼 지나친 연출 사진은 싸구려 화장품을 덕지덕지 바른 것과 별반 차이가 없다.

정장 차림으로 단정하게 자기 분위기를 연출하는 증명사진이 좋다. 그것이 정중한 자기 이미지를 부각시켜 준다. 그렇다고 너무 굳어 있는 표정의 사진도 곤란하다. 시선을 약간 위로 향해 도전 의식을 부여하는 등, 약간의 변화는 오히려 당신의 이미지를 좋게 만들 수 있다.

신입사원들이라면 특히 명심하라. 연출로 승부를 걸려고 하지 마라. 자칫 잘못하면, 당신은 '허위 과장 광고'를 하게 되는 셈이다. 사실 당신이 뜯어 고쳐야 할 가장 우선순위에 해당하는 것이 있다면, 결코 얼굴이 아닐 것이다. 신입사원의 나이에 예쁘고 멋있지 않은 사람은 없다. 회사에 입사해 첫 출근하는 당신을 보면, 모든 사람들이 그 넘치는 에너지 때문에 기(氣)가 눌릴

지경이라고 하지 않는가! 이 말은 정말 사실이다. 입사하게 되면 그 기(氣)로 회사를 밝게 하는 데 쓰기 바란다. 당신도 머지않아 지치고, 축 늘어진 자신을 발견하게 될 테니까.

이력서는 최초의 이력서가 사실상 가장 좋다. 하지만 그 무렵에는 그런 사실을 잘 모른다.

때 빼고 광내라

다 쓴 이력서를 때 빼고 광내는 데에는 몇 가지 원칙이 있다. 반드시 다음을 명심하라. 이런 작업이 당신의 이력서가 쓰레기통으로 직행하는 불행을 막는 데 도움을 줄 테니까. 이력서 작성도 다른 제안서처럼 단순한 전략이 가장 큰 실효성을 가져온다.

| 전략 이력서 작성법 |

- 매력적인 우수한 질의 이력서를 작성하라. 사람은 시각적 동물이다. 이력서는 결국 시각에 호소하는 서류라는 것을 알자. 적당한 레이아웃 같은 것을 통해 상대방의 눈을 배려하라.

- 인쇄용지에 신경 써라. 양질의 종이에 인쇄된 당신의 이력서는 당신의 이미지에 전문적인 인상을 부여한다. 인쇄용지를 선택할 때에는 흰색은 눈의 피로감을 주고 공식적으로 보이므로 미색을 선택하는 것이 좋다. 비싸고 품위 있는 재질을 사용하라. 그 점은 종종 당신의 기품을 상대방에게 깊게 각인시킬 수 있다. 이런 용지로는 주로, 칼라 O.A용지, 규격: 210mm×297mm이다.

- 프로페셔널한 글자체를 사용하라. 처음 보는 현란한 글씨체나, 많은 글씨체를 사

용하는 것은 전혀 도움이 되지 않는다. 영문은 'Times New Roman' 하나면 충분하다. 한글은 '바탕'과 '돋음' 두 가지 정도를 같이 쓰면 된다.

이력서는 서체 연습 용지가 아니다. 아래와 같은 식으로 장식을 하면 이력서인지, 청첩장인지 혼동이 가게 만들 수 있다.

예 이력서 자기소개서

- 대소 문자를 가려 써라. 잘 어울린 대소 문자 배열은 고급 광고처럼 보는 이의 '눈 맛'을 더해 줄 것이다. 내용상 구분을 위해 필요하다면 '밑줄체'나 '기울임체', 또는 '굵은체'도 간간이 사용하라.

예 EDUCATION   **Korea Univ.** Seoul, Korea
      1991.3~1995.2   *Bachelor of Arts*, Computer Science

- 글자 크기는 10~12포인트가 적당하다. 12포인트가 넘으면 A4 용지 사이즈에 비해 글자가 너무 커 듬성듬성해 보이고, 너무 작으면 사람이 작아 보인다.

- 레이저 출력을 하고, 킹코 같은 전문 복사점에 가서 제대로 뽑아라. 인쇄 농도는 선명해야 한다. 당신의 이력서가 10초 내 더 잘 보이게 하기 위한 최소한의 장치이기도 하다.

- 싸구려 대봉투에 넣거나, 이력서를 접어 넣어 보내지 마라. 반듯하고 정중하게 품위 있는 봉투에 담아 보내라. 등기나 택배로 말이다. 그 안에는 그 어느 것도 아닌, 당신의 이력서가 들어 있지 않은가! 겉봉투 주소는 반드시 라벨에 인쇄해서 붙여라. 반송을 대비해 주소를 적어야 함은 물론이다.

다른 사람의 이력서 좀 제발 많이 보아라

성공적인 이력서 작성법은 간단히 말하면 이렇다.

❶ 당신의 이력 자체가 충분히 내용이 있어야 한다. 훌륭한 콘텐츠가 명품을 만든다. 자기 생활에서 내용을 말하라. 독특하고, 희소성이 있으며, 강한 경제성을 지닌 경력이 바로 여기에 해당된다.

❷ 전문가에게 맡겨라. 아니면 최소한 전문가의 리뷰를 거쳐라. 앞서 얘기한 경력 컨설턴트들의 조언은 실질적으로 도움을 줄 수 있다. 몇 푼의 수수료를 아까워하지 마라. 다른 사람과 함께 자기 이력서를 검토하면서 당신은 무척 많은 것을 배우게 될 것이다. 거기에 자신도 몰랐던 자기가 있다.

❸ 이력서 작성에는 커닝이 필요하다. 다른 사람들의 이력서를 벤치마킹하라. Part 5의 마지막에 예를 든 〈before & after〉는 많은 도움이 될 것이다. 앞뒤가 어떻게 달라졌는지 유심히 살펴보라. '아'와 '어'가 다르다는 것을 분명하게 주지시키는 것도 뛰어난 이력 관리 기술이다. 그런 점이 상품의 가치를 높인다.

절제하라

절제의 미덕을 알기 위해서는 다음을 기억하라.

• 말의 단점은 그것을 보완하려고 하는 다른 말 때문에 단점이 드러나는 것이다. 절제하라. 하고 싶은 말을 다하며 사는 사람은 없다. 특히 당신이 입사해서 만나게 될 새로운 환경은 말의 절제를 필요로 한다. 마찬가지로 당신의 이력서에 군말은 없어야 한다. 필요한 말만 하라. 그런 당신에게 신뢰를 보낸다.

• 용어의 남발·남용은 믿음이 가지 않는다. 예컨대 '뛰어난' '우수한' '탁월한' '유능한' 등도 한두 번이지 자꾸 반복되면 지루하다. 의심을 불러올 수 있다. 남

용하지 마라. 쓸데없이 자기 과시에 중독되는 것만큼 어리석은 일은 없다.

- 이력서에서 '부족하다'는 것은 '많거나, 적은 것' 모두를 의미한다. 부족하지 않은 이력서가 되게 하라. 그러기 위해서는 적당한 선에서 찰랑찰랑 넘칠 만한 내용을 알맞은 분량으로 담아 내는 기술이 필요하다. 결코 넘치면 안 된다. 상대방은 주변에 널리 있는 이력서들을 제치고 당신의 이력서가 흘린 잡다한 정보까지 읽으려 들지는 않을 것이다.

- 1절만 하라. 후렴구처럼 반복되는 당신의 이야기는 자신이 얼마나 혼란스러운 사람인지를 보여주는 것에 불과하다. 좀 많이 썼다고 생각되면, 이력서가 하는 말을 들어라. 그 서류는 당신에게 이렇게 말할 것이다. "그만, 1절만 하는 게 어때?"

처음과 끝을 인상 남게 하라

이력서는 식별력에 강해야 한다. 구별되지 않는 이력서는 주목을 끌지 못한다. 바로 그런 차별화 요소가 이 한 장의 서류에 드러나야 한다. 당신이 이 작업에 소홀하다면, 이 말은 바로 당신의 이력서가 경쟁이 들끓는 인적 시장에 뛰어들기 어렵다는 것을 뜻한다.

이런 분명한 요구에 부응하는 게 바로 자신의 성공적인 이력서를 배려하는 것이며, 자신과 대화하는 것이다. 성공적인 이력서는 몇 가지 원칙을 견지하고 있다. 그것은 바로 당신에 대한 좋은 인상과도 관련되어 있다.

| 좋은 인상을 남기는 장치들 |

- 조용하며, 간결한 말이 인상에 오래 남는다(이력서에서 큰소리 쳐서 얻어 낼 것이란 아무것도 없다).

- 호감이 드는 장치를 곳곳에 배치하라(당신의 이력서는 사랑받으려는 노력이 듬뿍 배어 있어야 한다. 호감이 가야 상대방은 당신을 만나고 싶은 마음이 생길 것이다).

- 분명한 구조로 짜여져야 한다(얼기설기 짜여 있는 그물로는 한 마리의 물고기도 잡지 못한다. 분명한 구조가 일을 성공적으로 이끈다).

- 적절한 스타일을 만들고 이를 읽기 쉽게 해야 한다(칸과 여백은 그런 용도로 잘 사용되어야 한다).

더불어 정보 배열의 순서나 배열 전략도 매우 중요하다. 이런 배열이 상대방의 관심을 유도한다. 사람의 시각은 알파벳 'Z' 자 형태로 이동한다고 한다. 신문 왼쪽 상단에 헤드라인을 배치하고, 다시 중간 제목을 거쳐, 하단 오른쪽에 주요 기사를 배치하는 것은 바로 이런 이유 때문이다.

마찬가지로 당신이 이력서에서 강조하고 싶은 것은 이런 시선을 고려해 만들 수 있어야 한다. 키워드를 'Z' 라인 상에 배치하는 것은 유효적절할 수 있다. 자기 이력서에 대한 이러한 세심한 배려가 당신의 이력서를 본 누군가가 만나고 싶어할 수 있도록 유도한다면, 그것으로 당신의 이력서는 이미 절반은 성공한 셈이다.

개인 신상은 어디까지?

우리는 많은 인사 담당자들과 헤드헌터들을 만나면서 분명한 사실을 한 가지 알게 되었다. 기존에 '이력서 쓰는 법'에서 권장하듯, 잡다한 신상 정보 나열은 성공적인 취직과 거리가 멀다는 것이다.

개인 신상은 이름, 주민등록번호, e-mail, 집 주소, 휴대폰 번호면 충분하다. 잡다하게 기혼, 미혼, 몇남 몇녀 등의 정보는 더 이상 필요 없다. 물론 전세를 살고 있는지, 자가 소유 주택에서 살고 있는지도 전혀 중요하지 않다. 그 점은 입사 후 필요시 밝힐 수 있는 사항이다. 사실 이런 것들은 '정보'에도 해당되지 않는다. 요즘에는 이력서에 채울 내용이 없는 사람들이 채워 나가는 것이 되어 가고 있다.

당신이 합격 대상자라면 채용 담당자들은 어떤 식으로든 연락을 취해 올 테니까 염려하지 마라. 만일 이러한 얘기가 의심스럽다면 일단 자신이 입사 합격 대상자가 되어 보라. 반드시 그런 사실을 알게 될 테니까.

채워 넣을 내용이 없으면 아예 칸을 만들지 마라

간단히 말해 자격증, 상벌사항 칸을 만들어 놓고 '해당 사항 없음'이라고 적지 마라(실제로 이런 이력서가 의외로 많다는 사실을 안다면 당신은 놀랄 것이다). 또 업무 공백 기간이 있으면, 아예 그 공백을 두지도 마라. 운이 없으면 그 공백만 물고 늘어지는 담당자를 만날 수도 있다.

"좋습니다. 그런데 2001년 5월부터 다음해 5월까지 1년 간은 뭘 하신 거죠?"

이런 질문을 받으면 당신은 마치 취조받는 기분이 들 수도 있다. 세상에는 남의 고통을 즐기는 자가 어디건 있다는 것을 염두에 두자. 강조하건대, 공백은 아예 두지도 말고, 언급조차 하지 마라. 여기서도 생략은 죄가 아니다.

문방구용 이력서는 절대 쓰지 마라

당신은 지금 어느 시대에 살고 있는가? 당신이 아직 문방구용 이력서를 사용하고 있다면, 이제 그런 '인사 서식 제1호'는 과감하게 버려라. 그것은 대한제국 때부터 쓰던 양식이다. 그런 이력서는 PC가 없던 시대까지 사용했으면 충분하다. 그런 양식으로 당신은 결코 자신을 드러낼 수 없다. 감각 면에서도 뒤처진다. 이런 문방구용 이력서로는 자기를 알리기에 정말 부적절하다. 또 작성자의 입장에서도 매번 수작업을 해야 하는 번거로움이 따른다. 물론 고객에 맞춰 다양한 버전을 만들기 어렵다는 점도 이런 '인사 서식'이 폐기되어야 할 충분한 이유다.

만일 문방구용 이력서를 요구하는 회사가 있다면 아예 가지도 마라. 그런 회사는 고리타분하고, 숨 막히는 곳일 게 분명하다. PC 파일 형태로라도 '인사 서식 제1호' 양식을 제시하는 회사가 있거든 그것도 날려 버려라. 만일, 이런 이력서를 들고 찾아

오는 사람이 있다면 뽑지도 마라. 그런 지원자들은 분명 시대 트렌드에 맞춰 나가는 인물이 아닐 확률이 높다. 단, 예외가 있다. 일용직일 경우에는 받아들여라. 그들은 실제로 이런 양식밖에 쓸 수 없는 현실에 놓여 있다.

풀고, 묶고, 조이고, 기름을 쳐라

A4 용지 한 장에 당신의 이력을 마무리해 넣으려면 반드시 필요한 사항이 있다. '풀고, 묶고, 조이고, 기름을 쳐라!'라는 것이다. 내 기억이 정확하다면, 이 말은 자동차 정비소에 붙어 있는 문구다. 늘어놓은 이력서(보잘것없이 빈약한 이력서)와 압축해서 기름을 친 이력서(뭔가 꽉 차 있는 이력서)는 완전히 다르다. 그것은 이력서가 그렇다는 게 아니라, 당신이 바로 그처럼 빈틈없는 사람이라는 것을 보여준다. 이력서를 작성할 때에는 다음의 원칙을 반드시 지켜라.

| 권장할 만한 이력서 작성 원칙 |

• 초안을 바탕으로 배치 순서 및 디자인 순서를 결정하라(스스로 자기 이력을 이렇게 만들어 나가라. 이력서는 이제 그런 기준에 맞춰 다시 작성되어야 한다).

• 빠져야 할 것과 빠져서는 안 되는 것을 구분하라(쓸데없는 일까지 집어넣어 '손을 보면' 안 된다. 그러다 보면 정작 강조해야 할 경력이 소홀해질 수 있다. 불필요한 것을 삭제할 때 당신의 이력서는 번쩍번쩍 광이 나기 시작한다).

• 유사 프로젝트, 유사 경험은 묶어라(그래야 당신은 집중의 효과를 높일 수 있다).

- 상이한 프로젝트·업무 등은 풀어서 별도로 특화시켜라(이것은 별도 묶음이 되어야만 한다. 그래야 이런 특별한 경력을 두드러지게 보이게 할 수 있다).
- 위와 같이 작업한 다음에 묶고, 푼 것을 다시 전체적인 목적에 맞게 재조정하라(이 일을 반복하라. 그러다 보면 당신은 꽉 짜여진 한 장의 서류를 갖게 될 것이다).
- 여기에다 다시 기업이 원하는 바에 맞춰 이력서에 기름을 쳐라(가장 훌륭한 윤활유가 될 수 있는 것은 적절한 경험, 참신한 표현, 강한 자기 계발의 열의 등이 표현된 것이다. 이런 점들을 충분히 고려해 반영하라).
- 이런 작업을 10회 이상 반복하라. 단어에 유념하고, 상대방의 선입견에 무사통과할 수 있도록 철저하게 상대의 모집 분야 직무(job description)에 맞게 커스터마이즈(customize)하라.
- 이런 작업을 연중행사로 분기, 반기, 연단위로 하라(어디에 제출하지 않아도 상관없다. 어차피 이력서를 통해 당신은 자신을 보게 될 테니까 말이다).

세 개의 매직 키워드를 배치하라

이력서에서는 단 세 단어만 건져라. 단 하나의 문장으로 자기를 집약하라. 읽고 나서 기억되게 만들고 싶은 세 개의 키워드나, 단 하나의 문장을 생각해서 처음부터 작성하라. 이 점은 이력서 작성시 반드시 유념해야 할 사항이다. 누구도 남의 특기, 장점에 대해 시시콜콜 모든 것을 다 기억하지 않으며, 그렇게 하려고도 하지 않을 것이다.

자기 이력서에서 상대방이 분명 당신의 가능성·적합성을 발견할 수 있어야 한다. 그런 발견은 종종 세 단어와 한 문장을 넘지 않는다. 이력서를 본 사람이 당신에 대해 이 세 단어를 기억하거나, 이 한 문장의 말을 통해 논평하도록 한다면, 당신의 이력서는 성공한 셈이다.

다음의 예를 보자.

| 세 단어로 압축해서 표현하기 |

- "매출 00억 원 달성" "바지선 수출 계약 체결" "수입 통과세 할인 적용 받아 냄"
- "노사 타협 유도" "특 A급 해외 박사 인력 현지 확보" "사내 인적 혁신 방안 제시"
- "해당 분야 인맥 · 네트워크 형성" "그룹사 구조 조정 보고서 제출" "감원 계획 수립"
- "업계 내 영업 베테랑이라는 소리를 들음" "다음 목표, 중동 진출!" "화재 초기 진화로 손실 최소화" 등.

| 한 문장으로 논평 듣기 |

- "개발은 좀 해본 사람 같습니다."
- "대형 프로젝트 좀 해본 사람 같군."
- "학교 다닐 때 공부는 진짜 열심히 한 것 같군."
- "다른 것은 몰라도 국제적인 영업 감각은 확실히 돋보이더군요."
- "히트 상품에 대한 분석력이 있군." 등.

바로 이런 단어가 기억되고, 이런 말이 그들의 입에서 나와야 한다. 더불어 당신의 이력서는 보다 구체적이고 명확한 증거를 제시해야 한다. 그것이 자신에 대한 상대방의 평가를 돕는다. 뭔가는 확실하게 해본 사람이라는 인상을 주면 상대방은 당신에게 반드시 이렇게 말할 수 있을 것이다.

"같이 춤춰 보실까요?" 이렇게 말이다.

커버 레터는 추가 골을 가져온다

간단 명료!

이것이 입사 서류의 특징이다. 커버 레터는 간단한 글이다. 최소한의 내용 서술로 당신이 하고자 하는 중요한 말을 가장 효과적으로 전달할 수 있는 효율성이 극대화된 문서여야 한다.

첫눈에 확 끌어야 하는 것은 이력서나 자기소개서처럼 커버 레터(cover letter)도 마찬가지다. 커버 레터는 이력서와 함께 제출하는 자기 홍보용 서류이기 때문이다. 쓰는 목적은 이력서의 내용을 보충적으로 설명함으로써 자신을 드러내고, 더불어 인사 담당자가 자신의 이력서를 좀더 주의 깊게 보도록 배려하기 위해서이다. 다시 말해 이력서에 할당된 10초를 더 얻어 냄으로써 상대방의 관심을 환기시키기 위한 서류라고 생각하면 된다.

따라서 이력서에서 다 하기 어려운 내용들, 예컨대 지원 동기 및 경위, 현 직장 내에서의 자기 역할 및 임무, 업무 성과 등을 압축해서 표현한다면 인사 담당자들은 당신에 대해 더 큰 호감을 갖게 될 것이다. 더불어 직장 내 자기 존재의 중요도를 밝히는 데에도 크게 어필하게 될 것이다. 사실 이런 훈련은 사회생활을 하며 자신을 명확히 알리는 데 매우 중요하다. 특히 당신이 앞으로 언론을 접하게 되거나, 방송을 타게 된다면 방송사는 주절주절 늘어놓는 말이 아니라, 단 1초에서 3초, 5초 내지 10초 사이의 멘트만을 딴다는 사실을 알아야 한다. 그들이 원하는 압축형 대사만이 자기 PR에 한몫 한다.

커버 레터는 작성 요령과 더불어 반드시 들어가야 할 사항이 있다.

| 커버 레터 작성 요령 |

• 가능한 한, A4 용지 절반에서 한 장을 넘지 마라(특히 외국 회사의 경우에는 커버 레터의 간결성 여부로 자기 PR 능력을 보기도 하기 때문에 분량은 중요 요소).

• 이력서 앞에 붙여라. 입사 관련 서류의 동봉 순서는 커버 레터-이력서-자기소개서순이다.

• 이력서와 마찬가지로 신상과 관련되어서는 이름, 주민등록번호, e-mail, 집 주소, 휴대폰 번호만 적어라.

• 작성 형식은 날짜, 수취인, 서두, 본문, 결론, 서명순으로 하면 된다(일반적인 편지 스타일과 크게 다르지 않다고 생각하라).

• 밑줄체, 굵은체 등을 써서 눈에 띄게 하라. 그러나 과도한 사용은 오히려 역효과가 난다는 것을 명심하자.

• 커버 레터를 받아야 하는 담당자의 이름을 써라. 만일 담당자의 이름을 모를 때에는 'Department of Human Resources' 'Personnel Manager' 등으로 기재하면 된다. e-mail로 보낼 경우에는 첨부 파일 자체에 별도로 수신자의 정

보가 들어 있어야 한다는 것을 명심하라. 간혹 주인 없는 서류들이 회사 공용 메일 어드레스로 보내져 프린트된 다음, 이면지로 사용되는 것은 주인을 잃었기 때문이다.

| 들어가야 할 내용 |

• 상대방이 중요하게 생각하는 것을 제일 먼저 써라. 그것은 모집 분야 직무(job description)에 다 들어 있다. 그 다음 가장 핵심적인 당신의 가치를 적어라. 뒷 문장은 상대방이 읽지 않을 수 있다는 사실을 알자.

• 내용상 이력서와 같게끔 통일성과 일관성을 유지하라. 내용의 초점이 흐려지거 나, 이력서에서 비중 있게 다룬 경력이 희석되거나, 상충되어서는 곤란하다. 그렇 다면 처음부터 안 쓰느니만 못하다. 누구도 횡설수설해 대는 입사 서류에 믿음이 갈 리 없다.

• 적절한 사례, 구체적인 숫자를 집어 넣어 설득력을 강화하라. 상대방은 당신에게 설득당하고자 한다. 그것이 그들이 입사 서류를 받아 보는 이유다. 누구나 사례, 숫자를 보면(사실과 무관하더라도) '객관화' 되어 있다고 생각하는 경향이 있다. 이 점은 당신에게 강점이 될 수 있는 요소다. 적극적으로 활용하라.

• 반드시 상대방에게 인터뷰를 요청하라. Part 3에서 말한 '이심전심을 믿지 마라' 는 주문을 명심하라. 그는 오히려 당신이 먼저 만나자고 하기를 바라고 있다.

커버 레터는 다음과 같은 어투로 시작하지 마라. 그것은 정작 당신이 하고자 하는 말을 하지 못하고 넘어가게 만들 수 있다. 이런 상투적인 서술에 누가 관심을 갖겠는가?

성춘향

주민등록번호: 750101-2000000
서울시 중구 필동 208번지 160호 | Tel : 02-010-1234(Home), 010-100-1234(Cellular),
E-mail: chseong@corea.com

2003. 8. 20.

수신: 서울시 강남구 강남동 1번지 알파 컴퍼니 홍길동 인사팀장님 귀하
    contact: tel: 100-1234#11, e-mail: hr@alphacorp.com
    구인 번호: S-1301(해외영업직)

귀사에서 찾으시는 **동남아 해외 지사 상주파견 영업 지원자**입니다. 국내 굴지의 **플라스틱 제품군 해외 영업을 7년**간 맡아 수행해온 제 경험과 일에 대한 열정으로 보아 귀사가 찾으시는 적합한 인력이라 사료되어 지원하오니 첨부하는 이력서와 자기소개서를 참고하시길 바랍니다. 아울러 하단에 귀사의 모집 요강에 부합하는 제 이력을 간략히 소개해 드립니다.

귀사 모집요건	제 경력 해당사항

● **최소 5년 이상 해외 영업 업무 수행 실적**
ABC 컴퍼니 해외 영업 팀장으로 말레이시아, 인도 및 필리핀 지사 설립 경험이 있으며, 총 근무기간 7년 중, '98~'01년 동안 3개 해외 지사 매출로 USD 3.01M의 실적을 달성하였으며, '99년부터는 연평균 200% 이상의 획기적인 매출 신장을 이뤄 냈습니다.

● **소비재 제품 이해도 및 관련 제품 영업 경험**
플라스틱 제품의 세분화를 주도해 품질을 높이고, 시장별 원가를 조정하였으며, 제품 생산시 부가적으로 취득한 원료 가공 기술을 이용해 특수 플라스틱 제조 공정을 단순화해 당사 마진을 극대화했습니다.

● **지사 현지 채용, 자원 관리 및 본-지사 간 커뮤니케이션 능력**
진출 초기 현지화에 성공하기 위한 전략의 일환으로 관리직원과 생산직원 간 단합과 협력의 기반을 공고히 했으며, 본-지사 간 인트라넷을 개통해 초단위 보고 및 피드백 체계를 수립, 업무 효율을 극대화시켰습니다.

● **각종 업무 관리 및 경쟁사 분석 능력 보유**
동 시기 당사 제시 급여 수준보다 월등한 유럽계 회사의 강점을 우회하기 위해 지역 문화공동체에 적극 참여하는 등 현지 주민 밀착정책을 구사했으며, 가족 초청 체육·문화 행사를 개최해 문화적 이질감을 해소했습니다. 더불어 현지에서의 자원 관리 시스템을 적극 활용, 지사 운영 경비 절감을 꾀했으며, 경쟁사인 Z사의 원자재 구입처를 확보, 가격 경쟁력 제고에 기여했습니다.

이상과 같은 제 경력은 **귀사가 찾고 계신 현지 시장 개척 업무에 가장 최적의 조건**을 갖추고 있다고 생각하오며, 더불어 **7년** 이상 쌓아 온 제 **경험은 귀사의 시장 조기 개척에 크게 도움이 되리라고 생각**합니다. 빠른 시일 내 면접시 세부계획에 대해 자세히 의견교환의 기회가 있기를 희망합니다. 연락 바랍니다.
감사합니다.

성춘향 드림.

＊ 첨부: 이력서 및 자기소개서

- "My name is..."

- "I will receive my B.A..."

- On Feb. 15, 2003, I graduated..."

- "I have learned..."

- "I am writing in..."

- "I wish to apply..."

누구도 '당신이 어떠하다'는 얘기를 듣고 싶은 것이 아니라, '회사에 들어오면 어떻게 하겠다'는 식의 구체적인 계획을 듣고 싶어할 것이다. 특히 인사 담당자라면 회사에 크게 도움이 되는 사람을 뽑았다는 얘기를 주변으로부터 듣고 싶을 것이다. 그러므로 당신은 그들의 욕구를 채워 줄 수 있어야 한다.

탱큐 노트를 보내라

당신의 이력서가 면접 기회를 불러들였다면, 포기하지 않는 한, 면접을 보게 될 가능성이 높다. 면접 후 상대의 초대에 대해 당신이 후속 편지로 '탱큐 노트(Thank You Note)'를 보내는 것은 성공적인 입사에 효과적으로 작용할 수 있다.

물론 상대방이 누구냐에 따라 변수는 있다. 어떤 인사 담당자들은 그 안에 별도의 유가증권이나, 아니면 다른 모종의 압력 수단이 들어가 있지 않을까 싶어 부담스러워하는 경우도 있다. 아니면 그냥 '쓱' 보고 쓰레기통에 집어던지는 경우도 있을 것이다.

탱큐 노트에는 사실상 정답이 없다. 면접시 눈치를 봐서 발송 여부를 결정할 필요도 있다. 이런 서류들은 당신의 적극성을 보여줄 수 있는 계기도 되지만, 자꾸 조르는 것으로 비칠 수도 있다. 그러면 오히려 낭패를 본다.

하지만 기왕 보내려고 마음먹었다면, 인터뷰를 한 다음 48시간 내에 보내는 것이 좋다. 그래야 상대방은 당신을 기억해 낸다. 그 안에 들어갈 내용으로는 면접 기회를 준 것에 대한 감사와 그 회사에 입사해서 함께 일하고 싶다는 자기 열의를 강조하는 것이 좋다.

다음은 그런 적절한 예가 될 수 있을 것이다.

| 탱큐 노트의 예 |

친애하는 알파 그룹 인사관리 팀장님 귀하,

안녕하십니까?

지난, 3월 18일 귀사에서 인터뷰를 한 미디어 전략 기획 부서 지원자 성춘향이라고 합니다.

시간이 다소 지났으나, 그날의 성공적인 인터뷰에 대해 감사의 말씀과 질문하신 알파 그룹 사업 방향에 대해 생각한 바를 간략히 말씀드리고자 이렇게 서신을 드립니다.

인터뷰 중 저는 귀사가 찾는 인재가 여러 모로 저의 경력과 완전하게 일치하고 있다는 생각에 무엇보다도 다행으로 생각했습니다. 앞으로 귀사에 기여하게 될 일이 많을 것 같아서였지요.

귀사에서 찾는 풍부한 미디어 경험, 인터넷 서비스 경험, 젊고 자율적인 기업 문화, 활력 넘치는 자율적 리더십, 전사적 전략 기획 능력, 조직 혁신 방안 및 지식 경영 구축 수행 능력 등은 그 어느 것 하나 제가 그간 심혈을 기울여 쌓아 오지 않은 분야가 없다고 자부합니다.

또한, 말씀 중에 알게 된 알파 그룹의 사업 강화 방안은 제가 늘 고민하고, 지금 소속된 직장에서도 전략적으로 기획하던 일일 뿐만 아니라, 인터넷 시대에 쌍방향 미디어가 나아가야 할 바른 방향이기도 해서 크게 감동을 받았습니다.

알다시피 미래의 기업은 성실과 창의로 더욱 혁신적인 조직을 만들어 나갈 때 지속적인 기록 경신이 가능하다고 생각합니다. 귀사와의 인터뷰를 통해 저는 귀사의 발전을 위해 제가 기여할 부분이 무엇인지 더욱 깊이 생각해 보게 되었는데, 그와 같은 말씀은 2차 인터뷰 때 보다 심도 있게 말씀을 나누었으면 합니다.

아무쪼록 귀사의 관심에 깊은 감사를 드리며, 입사하게 되면 평생 동반자로서 알파 그룹의 사업을 더욱 번창시키는 데 크게 이바지하고 싶습니다.

2차 인터뷰 일정에 대해서는 오메가 서치 펌의 홍길동 컨설턴트를 통해 연락을 주시면 감사하겠습니다.

그럼, 귀사의 관심에 깊은 감사의 말씀을 드리며.

성춘향 드림.

2003. 3. 20.

추신 : 그날 말씀 드렸던 바를 다시 확인해 보니, Z 방송국과 Y사 합병은 1999년의 일이더군요. 다시 정정해 말씀드립니다.

서류에 지뢰를 숨겨 두지 마라

10초 전쟁중 어떤 경우에는 실수로 지뢰를 묻어 두었다가 오인해 이를 밟고 사망하는 수가 있다. 평소 같으면 아무런 문제가 되지 않았을 것이라고 하더라도 면접시 상대방은 당신이 묻어 둔 지뢰를 발견하고 교묘하게 당신을 코너로 몰고 가는 경우가 비일비재하다. 그러면 결국 지뢰는 예기치 않은 시간과 장소에서 터지며 당신의 입사 가능성을 송두리째 날려 버린다.

실제 이력서 내 '지뢰'는 작성시에 발생한다. 자신이 의도했든, 인지하지 못했든, 지뢰를 매설하고 나면 당신은 곤란한 상황에 직면할 수 있다. 상대방이 모를 것이라고 생각하고 묻어 두면, 누군가는 귀신같이 찾아내 당신 앞에서 보란 듯이 터뜨린다. 특히 높은 자리에 지원하는 이력서의 주인공들이라면 이런 문제는 나중에 크게 불거질 수 있다. 당신의 경쟁자들은 당신 이상으로 그 서류를 면밀하게 검토할 테니까 말이다.

이력서를 작성하는 당신에게 해주고 싶은 충고가 있다면 지뢰 매설은 아예 생각하지도 말라는 것이다. 물론 당신은 가끔 지뢰 제거 작업을 해야 할 필요성을 느낄 것이다. 당신이 안전하게 경력 경로를 밟아 가려면 말이다.

스스로 말하기 곤란한 사항은 반드시 면접시나 그 이후에라도 설명해야 하는 상황에 직면하게 된다. 그런 불편한 자리에서의 설명은 '모르쇠'로 일관하지 않는 한, 곧잘 터져 버리고 만다. 특히 회의실 같은 공공 장소에서의 폭발은 가히 상상을 초월하는 위력을 드러낸다.

결과적으로 당신이라는 사람 자체를 의심하게 한다. 또 이런 일이 벌어지면 누군가는 아주 오래전 터져 버린 빈 깡통에 다시 폭약을 채워 폭죽놀이를 하며 당신 뒤를 쫓아오기도 할 것이다. 회사 내 파파라치처럼 말이다. 곤혹스러운 상황이다. 이런 상황을 극복하는 최선의 방법은 지뢰를 만들지 말라는 것이다.

가장 성공적으로 자기 이력이 쌓여 갈 때 자신도 간과했던 지뢰가 터져 버릴 수 있다. 자, 이제 내가 말하는 '지뢰'가 무엇인지 눈치 챘을 것이다. 크고작은 잡다한 경력의 조작이 바로 그것이다. 실제 우리는 주변에서 왕왕 학력 조작 등의 지뢰가 폭발하며, 당사자가 산산 조각나는 것을 목격하곤 한다.

만일 이력서에 주의 없이 묻어 둔 별의별 지뢰가 아직 터지지 않은 채로 웅크리고 있다면, 조심스럽게 이를 찾아내 제거하라. 그것이 현명하다. 작은 문제를 사전에 해결하는 것만큼 성공적인 경력 관리란 없다.

이력서에 절대 쓰면 안 되는 사항

다음을 반드시 명심하라.

| 쓰면 쓸수록 손해 보는 내용 |

'쓸데없는 이야기'는 절대로 쓰지 마라. 어떤 것이 해당될지 당신이 더 잘 알고 있을 것이다. 만일, 그것이 뭔지 모를 때에는 헤드헌터들을 찾아가 레주메 클리닉(resume clinic)을 받아 보자. 회사 내 인사 담당자들은 찾아가지 마라. 그들은

당신의 비밀을 결코 지켜 주지 않을 것이다. 그것은 인간성과는 별개의 문제다.

- '기타'를 버려라. 그런 경력은 적지도 마라. '기타 경력 사항' '기타 특기' '기타 등등' 이런 문구는 은연중에 당신을 있어도 그만, 없어도 그만인 '기타인'으로 만들 수 있다. 그러면 당신의 이미지는 그만큼 약화될 수 있다. '기타'를 버리는 게 선택이며, 집중이라는 것을 알아라.

- 오버하지 마라. 어떤 이력서들은 자신이 회사를 좌지우지했었다고 너무 큰소리를 쳐서 문제를 가져온다. 그런 것은 누가 봐도 오버 사항에 해당된다. 만일 당신이 정말 그렇게 큰소리 쳐도 되는 회사라면 이직·전직은 생각하지 말고 그대로 눌러앉아 있어라.

- 지나치게 겸손하지 마라. 그것은 1970년대 이전에 태어난 세대의 미덕이다. 무엇이든 지나친 것은 흠이 된다. 그러면 반드시 누군가는 당신을 얕잡아 보게 되어 있다. 세상은 당신이 알고 있는 것보다 훨씬 더 '겉멋' 들어 있다.

- 자기소개서에 가정 얘기, 자식 자랑 얘기, 부모님 교육 얘기, 애인 얘기 등 너무 사적인 것을 시시콜콜하게 적지 마라. 앞서 언급한 것처럼, 어느 입사 서류든지 공통적으로 들어가는 말들이 있다. 누구나 건전한 가정이 아닌 경우는 없으며, 대한민국 국민 중 근엄하고 엄격하게 자녀 교육을 시키지 않은 부모도 없다. 더구나 멋지지 않은 애인이란 결코 없다. 아무리 '엽기적인 그녀'라도 말이다. 이런 식상한 말들은 상대방을 지루하게 만든다.
가령, 인사 담당자가 검토한 자기소개서에는 실제 이런 내용의 글귀도 있었다고 한다.

"약혼자가 현재 컴퓨터 교육을 받고 있기 때문에, 결혼하면 교대로 정시에 퇴근해서 애를 돌봐야 하므로, 지금 다니는 직장에서처럼 밤 10시나 되어야 퇴근하게 되면 이혼할 것 같으니 입사를 하면 개발팀이 아니라, 관리직으로 돌려 주었으면 합니다."

이 회사의 채용 담당자가 들려 준 얘기에 따르면, 그 커플은 얼마 전 화이트데이 때 싸우고 헤어졌다고 한다.

이런 얘기는 절대로 쓰지 마라. 인터넷 유머 1번지에 뜬다.

성춘향

서울시 중구 필동 208번지 160호, 010-100-1234, chseong@corea.com

무선인터넷 기획 전문가로서 새로운 도전을 합니다.

학 력
1990–1992   대한고등학교
1993–1999   한국대학교 경영학과(평점: 4.0/4.5)
- 전 학기 성적우수장학금
- 관심 분야 : 경영전략, 마케팅

경 력
1999. 1–현재   **ABC Telecom**

2000. 1–2000. 12   **사원 (2000~2001)**
- ABC Telecom 영업지점, 고객센터, 네트워크 등에서 교육 수료
- 전략기획실 내의 '지식경영팀' 에서 근무
  - 세계이동통신 시장에 대해서 조사/전략적 insight 연구

2001. 1–2001. 1   • 무선인터넷 엔터테인먼트 및 이벤트 support
(서비스 사업팀)
- 일본 DoCoMo 탐방팀으로 선발
- 콘텐츠를 성공적으로 Hit 상품으로 마케팅
- 위치, 교통, 생활, 교육, ARS 서비스 담당
  - 대표적인 서비스인 '위치/교통정보' 서비스 3사 연동 진행으로 Hit 상품화 달성, 무선 Top5 서비스에 진입시킴

2002. 1–2002. 9   **대리(2002~현재)**
(서비스 사업팀)
- 2년 연속 트리플 A 받음
- 무선번호접근체계 3사 공동 책자 출간
- 3사의 위치, 교통 gateway 연동 작업 진행
- 인디플랫폼(폰페이지 저작툴, 빌링시스템, 관리툴)의 Project Manager
- 싱가포르, 네덜란드 등지의 위치, 교통 컨퍼런스에 참가
- Mobile Forum, Wireless 2002, 무선인터넷협의회 등 컨퍼런스 활동
- 해외 이동통신사, StarNet에 컨설팅 제공 및 application 판매

2002. 9–현재   • 상품개발, FGI, 정량조사, 시장분석, Bench marking, 영업채널 조사, 마케팅 기획

기타 활동
1999. 7–1999. 12   **TransWorld(한국계 번역회사) 프리랜스 번역/통역 활동**
- 다양한 책자 및 프로젝트 번역
- AFLC(미국 리서치 회사)에게 통역 서비스

1998. 1–1998. 12   **Newsweek반 칼럼니스트/회장**
- 대학 4년 동안 칼럼니스트로 활동
- 회장으로 Newsweek반을 이끎

수상 경력/기타
2002. 6   21세기 신사원상 수상(ABC Telecom)
1998. 6   **마케팅 경진 대회 입선(한국대학교 마케팅 연구센터)**
영어 TOEIC : 940, TOEFL: 630, 일어 Reading 고급 수준

성 춘 향

인적사항	성명	성춘향(Seong, Chun Hyang)
	주민등록 번호	750101-2000000
	주소	서울시 중구 필동 208번지 160호
	연락처	(집)02-010-1234 (Cell) 010-100-1234 (E-mail) chseong@corea.com

OBJECTIVE
마케팅, 기획전략, 이동통신 관련 경력 구직. **ABC Telecom**에서 근무하면서 전략개발실, 무선인터넷 팀 등에서 이동통신 핵심기획 업무를 수행했으며, Stanford 출신 미국팀장과 업무, 일본, 유럽, 싱가포르, 말레이시아 등지 경험을 통해 국제적 마인드 획득

학력

한국대학교	경영학 전공, 1999, 2 학사 졸업(평점: 4.0/4.5)
	전 학기 **성적우수장학금** 수여
	Marketing, Global strategy, finance, accounting 등 과목 이수
대한고등학교	92년 문과 전체 3등의 우수한 성적으로 졸업

경력
ABC
Telecom
(1999.1-현재)

전사 무선인터넷 매출증대 TFT   1999.01-현재
-상품개발, bench marking, 마케팅 전략/구체방안 수립 등을 책임.
-FGI, 정량조사, 시장분석 등 공동 진행
-Local consulting firm(QLT), 리서치 기관(OCT) 등과 프로젝트 수행

Mobile Internet Project Manager   2001.1-2002.10
- 뛰어난 업무성과와 가능성을 인정받아 **2년** 연속 **트리플 A** 수여
- '위치/교통정보' 서비스의 3사 연동 및 마케팅 활동을 통해 800여 개의 콘텐츠 중 **TOP 5**
  서비스로 발전시킴
- 인디플랫폼(폰페이지 저작툴, 빌링시스템, 관리툴)의 **Project Manager** 수행
- 콘텐츠를 성공적으로 **Hit** 상품으로 마케팅
- 위치, 교통, 생활, ARS 등 다양한 범주의 서비스 운영

국내 이동통신사 간의 비즈니스 경험   2001.10-2002.10
-무선번호접근체계 관련 3사 공동 책자 출간
-3사 위치, 교통 gateway 연동 작업 주도

국내외 다양한 활동을 통한 경험/지식 축적 및 국제적 마인드   2000.8-2002.10
-해외 이동통신사, StarNet에 위치, 교통 서비스 관련 컨설팅 제공
-Mobile Forum, Wireless 2002, 무선인터넷협의회 등 컨퍼런스에서 발표자로 활동
-일본, 싱가포르, 네덜란드 등지에서 무선인터넷 산업조사 및 위치, 교통 컨퍼런스 참가
-전략기획실 내의 지식경영팀에서 세계이동통신 시장에 대한 전략적 insight 연구

SKILLS &
AWARDS
Computer Literacy: Proficient in Excel, Word, Power Point.
언어능력: TOEIC 940, TOEFL 630, 일어 Reading 고급 수준
번역/번역활동: TranWorld(국내 통/번역회사)에서 프로젝트 문서, 책자 번역
         AFLC(미국 리서치 회사)에 통역 서비스 제공
수상경력: 뛰어난 리더십으로 21세기 ABC Telecom 신사원상 수상(대표이사 상)
       마케팅 경진 대회 입선(한국대학교 마케팅 연구센터)

LEADERSHIP
ACTIVITIES
2년 동안 80여 개의 content provider에 대한 전략적 방향, 마케팅, 서비스 관리, 고객 claim 대응의 문제를 공동으로 해결하면서 벤처 CEO나 팀장들의 의사결정 및 서비스 운영을 리드함

STRONG
POINT
항상 모든 일에 열정을 가지고 최선의 결과를 만들어 가며, 피고용인의 입장이 아닌 경영자의 자세로 회사와 내가 모두 성공할 수 있는 최상을 추구합니다.

한 장에 다 들어가 있는가?

자, 이제 새롭고 핵심적이며 간결한 전략 이력서를 다 작성했는가? 그렇다면 이제 다음을 체크해 보라.

| 이력서 작성 및 체크 사항 |

- PERSONAL : 인적 사항은 다음이면 충분하다.
  - 성명, 주민등록번호, 주소, 연락처: (집),(휴대폰), e-mail
    * 이것 이상 잡다한 정보는 다 빼 버려라. 특히 현 직장의 e-mail이나 전화번호가 명기되어 있다면 반드시 빼라. 곤란한 경우를 당할 수 있다.
- OBJECTIVE 또는 SUMMARY : 자신의 희망 직종 또는 자기 경력 소개는 간략하게. 앞으로 귀사에서 하게 될 일에 어떤 긍정적 의미가 있는지 명확하게 밝혀라.
- EDUCATION : 최종 학력부터 적어라.
  - 대학원 졸업은 대학원과 대학만을, 대학 졸업은 전공 학과와 고등학교만을 적는다.
  - 전공, 주요 이수 과목, 학점 및 장학금 수여 여부를 적는다(직장 경력 3년차 밑으로는 이런 경력도 중요하다).
- EXPERIENCE : 경력은 최근 경력부터 과거로 거슬러 올라가며 적어라(만일 잘못되어 있다면 지금 바꿔라. 지금 바꾸지 않으면 언젠가 급한 사정 때문에 고치지 못하고 보내는 수가 있다).
  - 회사명(Company Name), 직위/직급(Job Title), 재직 기간(From/To), 업무 내용(Description)이면 충분하다.
    * 작성시에는 지원 회사의 니즈에 맞춰 나간다는 생각을 하라. 이것이 바로 인

사 담당자와 당신의 연결 고리가 된다.

* 구체적인 프로젝트명, 성공 여부, 달성 실적, 각종 전략, 데이터, 수치, 시장 점유율, 매출 기여도 등을 간결하면서도 강하게 언급하라. 그러면 반드시 당신의 이력서는 신뢰감을 얻게끔 되어 있다.

- SKILLS & AWARDS : 컴퓨터 사용 능력과 언어 능력을 밝히는 것은 가장 기본적인 사항이다.

  - 기업에서 가장 많이 쓰는 엑셀, 워드프로세서, 파워포인트 및 인터넷 사용은 기본.

  - TOEIC 및 TOEFL 점수를 적어라(그러나 이것이 남에게 보이기에 부끄러운 점수여서는 곤란하다).

- LEADERSHIP ACTIVITIES : 직장 내외 또는 재학시 특별활동이 자기 능력을 어떻게 풍부하게 했는지 적어라. 상대방으로 하여금 당신이 활동적인 사람임을 알게 하라.

- STRONG POINT : 자기 강점 분야를 다시 한 번 짚어 주어라(그러면 상대방은 수긍하기 시작할 것이다).

이와 같이 되어 있는가? 첨부한 다음의 '샘플 이력서'들을 참고하라.

Jack Min
208-160, Phil-Dong, Jung-Ku,
Seoul, Korea 100-123
Tel: 82 2 010 1234
E-mail:jack@corea.com

SUMMARY:

Over fourteen years of senior-level managerial experience with telecommunications companies, including 1 fortune 1000 company(USA), 1 startup(Korea) and 1 top broadband company(Korea). Expertise in providing hands-on leadership and direction for marketing/sales, technical support, business/strategic development and information processing. Expert at identifying strategic partner companies, negotiating major contracts and deals, including M&A transactions and maintaining effective business relationships at the highest levels. Exceptional communication skills.

EMPLOYMENT HISTORY:

2002 - Present **ABC inc.,** Seoul Korea

Partner and President for development of the Korean business/strategic planning company.

- Co-founded company performing customized Korean sales and marketing plan for the strategic partner companies.

2000 - 2002 **Alpha Corp,** Seoul Korea

Division President of $45 million manufacturer of Broadband equipment.

- Restructured the company and reduced it's fixed cost from $1.1-million to $.5-million per month.
- Established company's three year vision.
- Successfully acquired two companies and provided key products and solutions for the company.
- Successfully completed strategic joint development between Q-Networks and Alpha Corp to develop broadband equipment system for the joint worldwide sales distribution.
- Set effective, profitable yet competitive pricing.
- Developed and oversaw implementation of nationwide and international sales operation plan.
- Instituted ERP program to enhance the information flow of the company.

1992 - 2000 **ZEA Telecom,** Singapore & Seoul, Korea

Director of Sales for the Fortune 1000, telecommunication equipment manufacturing company covering APAC.

- Directed and managed sales channels covering APAC.
- Planned a key role in organizational development, hiring and growing of employees from 1 to 20.
- Grew the regional revenue from $0 to over $20-million.
- Two consecutive years to be the 'First one to market' and 'Sold the most in the company' of new telecom equipment.
- Achieving one year winner of 'Presidential Advisory Counsel' award and two consecutive years of 'Chairman's Summit Counsel' awards.

1988 - 1991 **California Technology,** San Jose, CA

Design engineer for the Automatic Test Equipment.

- Designed 'Memory ATE'.

EDUCATION: Texas A&M University, College Station, TX

Bachelor of Science - 1987; Major: Electronics Engineering

LANGUAGES: Fluent in English and Korean.

References provided on request

John H. Hong

208-160, Jung-Ku,
Seoul, Korea, 100-123

02-010-1234 (home)
010-100-1234(cell)
John78@corea.com

SUMMARIZED BACKGROUND

- Fifteen(15) years of experience in the industry in USA based assignments
- Versed in all facets of company structure start up, sales, finance, business development and manufacturing
- Specific semiconductor assembly/test background includes building design, construction, and factory start up

Previous Position: May 2000-July 2003

 Vice President-Corporate Product Operations

ABC Tech., Inc.

- Responsible for the establishment of ABC Tech Worldwide Design Centers start-up in various
- Direct activities of the Product Operations finance group
- Development and Integration of the PBU, with focused responsibility for Market Direction, Sales Development, Product Development and Operational Excellence Initiatives

Next Previous Position: December 1997-May 2000

 Vice President-Worldwide Test Group

ABC Tech., Inc.

- Revenue business base: $180-260M direct sales and $430-$620M Turn-Key sales
- Direct sales and sales team support, including technical customer support
- Factory infrastructure/operational improvements

Other Positions at ABC Tech.: May 1992-November 1996

 Director; Business Development

- Involved in the acquisition and transition team integrating a new factory into ABC Tech when was purchased from IQC in Delli. Specifically managed the integration of all the process and customer sales activities into the geographic business areas at ABC Tech.

THE YEARS From 1990-Mid-1992

- During these years, I was either self-employed, or employed as an independent representative for a privately owned company. In the case of self-employment, I acted as a consultant to companies, domestic to the USA and also in Asia, performing contract work in the areas of efficiency enhancement, operational improvement, equipment procurement, finance management, subcontract management, and organizational alignment. While working as an independent manufacturing representative, I was associated with a private company in CDF, TX., delivering services, materials, tooling and/or equipment, all directly related to the manufacture of semiconductors, for (9) client/principle companies.

EDUCATION

- MIT: Business/Finance

REFERENCES AVAILABLE

Chun Hyang Seong

208-160, Phil-Dong, Jung-Ku, Seoul, Korea
Tel : 02-010-1234 (Home), 010-100-1234 (Cellular), E-mail: chseong@corea.com

JOB OBJECTIVE
Country Manager in a global company

SUMMARY OF QUALIFICATIONS
- A highly motivated, experienced sales and marketing specialist with strong leadership
- Experiences of establishing new overseas branch office and managing successfully
- Talented skills of developing new market and increasing sales with good interpersonal skills

EDUCATION
MBA, ABC University, June 1991   **New York, NY, U.S.A.**
Majored in International Business Administration

B.A., Hankook University, Feb.1988   **Seoul, Korea**
Majored in international relations
Received the best students in the year award in 1985

PROFESSIONAL EXPERIENCE
Alpha Corp., Korea
Director of Sales & Marketing   *Jan. 2000 - Present*
- In charged of sales & marketing and directly reporting to C.E.O
- Fully responsible for all marketing activities which include CRM, Internet shopping mall business, Advertisement and PR from planning and budgeting to implementation.
- Remodeled on-line shopping mall and achieved outstanding results. Achieved 300 millions won in FY2002 from 10 millions won in FY2001. (3,000% sales increase)
- Planned new direct market launching strategy and organized new sales channel.
- Reduced 36% costs and increased team productivity by restructuring customer club management system.

StarLink Co., Ltd

Los Angeles. regional office, General Manager   *Jan 1996 ~ Dec. 1999*
- Directly managed marketing, accounting, sales administration and general administration
- Achieved US$ 21 millions sales in FY2000 from US$ 12 millions sales in FY1999

Seoul Regional Sales Office, Sales Manager   *Apr 1994 ~ Dec. 1999*
- Sales representative working with travel agencies and foreign travel bureaus to increase travel sales and develop new travel markets
- Annual sales quota was up to USD 28 millions and most of sales quota was accomplished
- Appointed as Best sales representative of the year in 1999

President's Office, Manager   *Apr 1991 ~ Apr 1994*
- Provided CEO with various analytical data to support decision making for very important business issues.

SKILLS AND ACTIVITIES
PC software skills for Excel, Word, Power Point and Internet
Language : Korean (native), English (fluent) and Japanese

SPECIALIZED TRAINING
Salesmanship and sales skill development program for sales manager   *1993*

REFERENCES
Available upon request

이제 당신은 '일자리'가 있는 시대에 마지막으로 이력서를 쓰고 있는 세대인지도 모른다. 기업은 진화한다. 일자리는 소멸하고, 대신 가치를 만드는 사람들만이 남는다. 따라서 이제부터는 본격적으로 당신이 이력서를 보내는 회사와의 관계도 변하게 될 것이다.

현재 잡 마켓은 어떻게 변하고 있는가?

간단하게 말해 우리는 지금 파트너 사회로 이행하고 있다. 소유보다 확실해 보이는 것이 없었던 시대의 지배 구조(고용과 피고용 관계)에서 이제는 '조차(租借)' 시대로 넘어가고 있다. 지식과 경험을 단지 일정 기간 빌려 주고 빌려 쓸 뿐이다.

당신의 1페이지 서류가 지원 회사의 인사 파일에 들어가고, 당신이 그 조직에 포함되는 날, 그때부터 그들은 당신의 범위 내 다시 포함되기 시작할 것이다. 당신이 지금 검토한 이 한 장짜리 이력서는 그렇게 자신과 세상을 바꾼다.

그러나 명심하라. 당신이 더 이상 에너지를 낼 수 없을 때, 당신의 이력서는 거기에서 쓰기를 멈춘다는 것을. 그때면 누구도 폐건전지를 소유하려 들지 않을 것이다. 따라서 지속적인 이력서 갱신은 성공적인 커리어 패스의 필수조건일 수밖에 없다.

자기를 소개하는 방식을 알아라

많은 경우 자기를 프리젠트하는 방법을 몰라 혼란스러워한다. 그런 사람들을 위해 다음의 예는 다소 도움이 될 것이다.

■ 자기소개서 작성 및 체크 사항

아직도 시대착오적인 자기소개서가 '이력서 작성법'에 부록으로 포함되어 있거나, 대학 또는 기업체 교육용 교재로 여전히 쓰이고 있다. 그러나 과연 이런 자기소개서로 자기 소개가 제대로 이루어질지 의심스럽다.

다음은 이런 주장을 뒷받침해 주는 전형적인 예다. 자기 소개의 '잘된 예'와 '잘못된 예'를 살펴보자.

| '잘된 예'라고 소개된, 실제로는 잘못된 예 |

• 성장 과정

저는 지금까지 모든 생활을 인천에서 했습니다. 1남 1녀 중 장남으로 태어나 할머니, 부모님, 저, 여동생 이렇게 다섯 식구가 그리 넉넉한 편은 아니었으나, 화목하다고 소문 날 정도로 다복한 가정에서 성장했습니다. '정직하고 성실한' 가정교육하에…

➡ 감상평: 우선, 물어보자. 감응이 일어나는가? 상대가 당신이 장남이고, 그리 넉넉한 편이 아닌 가운데서도 화목하게 살았고, '정직하고 성실한' 가정교육을 받았다는 것에 얼마나 주의를 기울여 줄까. 이런 도입부는 전혀 시선을 끌지 못한다.

• 성격의 장단점

혈액형이 O형이라 그런지 활발하고 적극적이라는 평을 듣습니다. 하지만 장남이라는 부담감이 있어서…

➡ 감상평: O형이 활발하고 적극적이라는 근거는 어디에도 없다. 그렇다면 다른

혈액형은 모두 활발하지 않고, 수동적이란 얘기인가? 그렇지는 않을 것이다. 더구나 당신이 장남이어서 부담감을 갖고 있다는 얘기는 그런 상황과 상관없는 인사 담당자들에게도 은연중에 부담감을 준다. 그도 장남이어서 시골에 계신 부모님 때문에 신경쓰일지 모르는데, 그에게 무의식적으로라도 그런 부담감을 떠올리게 할 필요는 없다.

• 생활 신조 및 인생관

흔하디흔한 표현이지만, '최선을 다하자' 라는 말을 나는 고등학교 때부터 필통에 붙여 놓고 왕복 50리 길을 오가며 통학을 하였습니다.

➡ 감상평: 일단 스스로도 알고 있듯 '흔하디흔한 표현' 같은 말은 쓰지 마라. 식상하지 않는가? 상대방은 매일 반복되는 일상적인 업무에도 따분해 죽을 지경이다. 차라리 신조를 필통 대신 이마에 써 붙이고 다녔다고 쓰는 게 더 낫다. 이런 표현을 통해 얻고 싶은 효과가 만일 당신이 '입지전적 인물' 이라는 것이라면 당장 집어치워라. 지금 시대에는 누구도 여기에 동의하지 않는다. 오히려 궁상을 떠는 것으로 보인다.

• 지원 동기 및 포부

미래는 정보통신시대입니다. 정보화 사회는 놀랄 만큼 빠른 속도로 다가오고 있어서…

➡ 감상평: 미래가 정보통신의 시대인 것은 좋다(이미 우리는 그 한가운데에 있다). 다만, 당신의 직무와 관련이 깊을 때에만 그런 말을 강조하라.

- **교내외 활동**

과 자체의 컴퓨터 소모임에 나가고 있는데, 거기서 많은 것을 배우기도 했습니다.

➡ 감상평: 기업체에 보내는 자기소개서에는 당신이 학교에서 배운 것을 회사에 가지고 가서 쓸 수 있는지 그것을 밝히는 게 무엇보다 중요하다. 실질적으로 배우는 것은 지금부터라고 할 수 있지 않은가.

| '잘못된 예'라고 소개된, 실제로도 잘못된 예 |

- **성장 과정**

인자하시면서도 엄하신 아버지와 항상 정직하며 성실하게 살라는 어머님의 가르침 아래 1남 1녀 중 장녀로 태어나…

➡ 감상평: 이런 자기 소개에 대해서는 앞에서 설명했으니, 여기서는 넘어가기로 하자.

- **성격의 장단점**

장녀인 탓에 그런지 생각이 깊고 신중하며 책임감이 있다는 말을 많이 듣습니다만…

➡ 감상평: 장녀라고 해서 모두 다 신중하며 책임감이 강한 것은 아니다. 이렇게 바꿔 표현하는 것이 더 낫다. "중요한 사항일수록 신중하고 책임감이 강한 저의 특징은 리더십이 요구되는 장녀라는 가족 구성원 내 위치와 관련이 있을 것으로 생각합니다." 표현이 조금 나아 보이는가? 그렇다면 바꾸어 보자. 물론 장녀들의 고충을 모르는 것은 아니다.

• **생활 신조 및 인생관**

인생관이라면 좀 뭣하지만 나름대로 생각하고 있는 것은 행복을 추구하며 건전한 사회인으로 살아가자는 것인데…

➡ 감상평 : 자신감 있게 표현하라. 이런 말은 '인생관이라면 좀 뭣'한 게 아니라, 당신의 주요한 인생관이다. 오히려 당당하게 "'행복을 추구하며 건전한 사회인으로 살아가자'라는 제 신조는 일반적인 말이기는 해도 저의 삶에 흐르는 일관된 인생관이라고 할 수 있습니다." 이렇게 표현하는 것이 오히려 나아 보인다. '뭣한 것'은 없다. 당신은 자기 의지에 따라 세상을 살고 있지 않은가?

나머지 사항들은 생략하도록 하자. '잘된 예'와 '잘못된 예'로 구분하고 있지만, 별로 잘된 것은 없어 보인다. 이런 현상은 사실 '모범 샘플'이라고 하는 영문 자기소개서에도 그대로 드러난다. 거기서도 하나같이 도입부를 이렇게 시작하고 있는데, 이런 표현들이 제2차 세계대전 이후 사라진 자기소개법이라는 것을 아는 사람은 별로 없어 보인다.

| 만족스럽지 못한 샘플의 예 |

- My name is...
- I was born in...
- It's my great pleasure...

자기 소개를 하는 이유는 상대방의 관심을 불러들이기 위해서이다. 당신이 제일 먼저 알려 주고 싶은 것이 이름, 출생지, 출생 연도이거나, 아니면 '너를 알게 되어서 기쁘다'(이런 표현은 좀 덜하지만)인가?

그것이 아니라면, 정확하게 맥을 짚고 공략하라. 상대방은 훌륭한 리드(lead) 문장 앞에서 반드시 무너지게 되어 있다. 진정으로 원하는 사람을 찾고 있는 회사의 인사 담당자라면 말이다.

자기소개서는 자기 입장을 강화해 상대방에게 전달하기에 가장 좋은 지면이다. 상대방에게 전적으로 노출되는 자기 지면을 갖고 있다는 것이 얼마나 강력한 PR 수단인지 당신은 곧 알게 될 것이다.

다음은 한 경력자가 지원하는 회사의 해외 영업 총괄 임원에게 보내는 자기소개서이다.

| **예 A:** 권장할 만한 자기소개서 |

홍길동 해외 영업 총괄 이사님 귀하,

귀사의 해외 영업 활동을 관심 있게 지켜보았습니다.

귀사는 싱가포르를 중심으로 한 아시아권 시장 진출에 남다른 관심을 갖고 계시더군요. 홍콩 현지에서 귀사는 현지화 과정에 성공해 최근 3년 간 매출이 두드러지게 신장하고 있더군요. 특히 브랜드 이미지 제고에 큰 성과가 있어 보였습니다. 이것은 귀사가 목표로 하는 중국 시장 진출을 위한 훌륭한 해외 영업 전략 같아 보이더군요.

귀사에 관심을 갖게 된 동기로, 오랜 시간 해외 영업 업무를 수행해 온 제 경험에 비추어 보아 만일 허락하신다면, 몇 가지 효과적인 방안을 제시해 드리고 싶습니다.

우선, 많은 국내 기업들이 중국 시장을 아시아 일반 국가들의 시장과 동일시하는 경향이 있는데, 여기에는 보다 신중한 접근이 필요하리라 생각합니다. 각개 시장의 고유한 소비 특성을 면밀히 분석해 접근할 때 자원을 보다 효율적으로 사용할 수 있으리라고 생각합니다. 또 경제적이고, 경쟁적 관점에서 지점망을 개설하신다면, 지금보다 효율적인 운영이 가능하리라고 생각합니다. 지점 수보다는 상호 연계성이 더 긴요히 요구되니까요.

알다시피 현재 중국에는 많은 다국적 기업이 진출해 있습니다. 그들과 직접적이고 전면적인 경쟁은 자원을 과다하게 투여하고도 실효성을 거두기에 어려움이 많습니다. 따라서 선점보다는 선점자가 간과한 영역에 대한 특화 분야를 개척해 이를 추구하는 시장 전략이 요구된다고 하겠지요. 대표적인 예로, 알파 기업은 최근 1년 간 이런 전략을 취해 최소 3M USD 정도의 신규 시장을 창출해 낸 것으로 알려져 있습니다.

더불어 고객에 대한 지점의 브랜드 강화 전략을 초기부터 염두에 두고 마케팅 전략을 수행해야 할 것으로 보여집니다. 예컨대 브랜드 관리가 기업 자체 광고보다는 개별 상품으로 꾸준히 생활 속에 침투해 들어갈 때 위력을 발휘할 수 있다고 봅니다. 이처럼 귀사의 상품을 쓰면서 귀사의 이미지를 기억하게 하는 방법이 가장 주효하리라고 봅니다.

이와 더불어 귀사 상품에 대한 가격 정책이 알파 기업과 달리 다변화될 때, 보다 많은 고객층을 확보할 수 있을 것으로 판단됩니다. 알파 기업은 아직까지 샘플

배포가 실제품 구매와 연동되고 있지 않습니다. 만일 귀사가 샘플 홍보를 실제품 구매로 이어지게 하는 전략을 구사할 만 있다면, 2년 내 시장 점유율을 5% 정도 더 끌어올릴 수 있을 것으로 보여집니다. 이 분야에는 제가 구체적인 아이디어를 드릴 수 있을 것으로 생각합니다.

현재 그 지역 방송사는 시청자가 참여하는 프로그램을 기획중인데, 샘플에 동봉된 초청장을 가지고 오는 고객을 대상으로 방송국 이벤트에 직접 참여케 하는 방식을 활용할 수 있습니다. 담당자인 루펑 씨는 제게 이벤트에 참여할 의향이 있는 외국 회사가 있으면 소개해 달라고 하더군요.

이와 같은 마케팅 전략을 취하면서 현지화의 접점을 강화하다 보면, 지역 사회에 귀사의 이미지를 제고하는 것은 물론, 판매에 긍정적인 영향을 미칠 수 있을 것으로 기대합니다. 그외에도 제 경험상 성공적인 중국 광둥 지역 진출을 위해서는 몇 가지 획기적인 방안이 더 있을 것입니다. 물론, 이에는 일을 수행할 유능한 인력이 필요하리라 생각합니다.

귀사에서 조금만이라도 관심을 가져 주신다면, 저는 이와 관련되어 추가 자료를 조사해 발표할 수 있을 것입니다.

저의 현지 경험 노하우가 귀사의 해외 영업망 구축과 실적 확대에 보탬이 된다면, 귀사의 일원으로 함께 일하고 싶습니다.

그럼, 좋은 소식을 기다리겠습니다.

해외 영업 지원자

성춘향 드림.

추신: 귀사의 새로운 현지 진입 전략 중의 하나로 지금처럼 홍콩을 경유한 방식이 아닌, 제3세계를 경유한 방식이 있을 수 있습니다. 그럴 경우엔 적어도 제품 공급가를 지금보다 7~8%는 더 절감할 수 있을 것입니다.

| **예 B:** 지역 영업망 개설 유경험자 모집 광고 |

지역 점포를 획기적으로 확장시켜 나갈 수 있는 유능한 사업 기획자를 모집합니다. 지원자는 전국 유통망 개설 경험 또는 프랜차이즈 모집 및 개설 경험이 있는 경력자이어야 하며, 동시에 지역 점포의 특성을 살려 특화된 영업 전략을 수립하고, 본사와 지점 간 원활한 업무 협력이 이루어질 수 있도록 해야 합니다. 조직 운영 경험 및 원만한 대인관계는 필수적입니다. 국내 유통 대기업 출신 또는 해외 브랜드 입점 유치 업체 경험자는 특별 우대합니다. 이력서는 당사 인사 팀장 앞으로 보내 주십시오.

| **예 C:** 인사 담당자 앞으로 보내는 자기소개서 |

외국 유명 브랜드를 국내에 도입해 지역 점포를 성공적으로 개설한 능력 있는 사업 기획자를 찾으신다면, 동봉하는 제 이력서를 유심히 살펴봐 주십시오.
저는 영국의 유명 프랜차이즈 업체인 마그마젯을 '01년 알파 회사에서 기획 팀장으로 있을 때 국내에 도입하였고, 당해 연도에 전국 매장을 12개점이나 오픈하는 등 활동적으로 성과를 이루어 낸 바 있습니다. 지역 점포망 개설시 저는 본

사와 지점 간 상시 연락 체계를 구축해 온라인으로 주문을 하면, 시간차 없이 바로 피드백해 주는 시스템을 반영해 본사와 지점 간 업무 효율을 극대화시켰습니다. 이런 노력으로 알파사는 전국 지점을 최단 시간 내 확장함으로써 연매출을 120억 수준으로 끌어올릴 수 있었습니다. 이런 업무에 저의 노력이 결정적인 힘이 되었다고 자부합니다.

이러한 제 경험으로 미루어 보건대, 귀사에서 저를 만나 보신다면, 보다 구체적으로 사업 방향에 대해 말씀을 나누실 수 있을 것으로 판단됩니다. 제게 연락을 주십시오. 저의 능력과 경험은 귀사에 적지 않은 기여를 할 수 있을 것으로 확신합니다.

감사합니다.

성춘향 드림.

다음은 효과적인 자기소개서 작성 원칙이다. 이런 원칙을 따르라.

| 성공적인 자기소개서 작성 10계명 |

❶ 기업의 속성에 맞춰 자신을 포장하라.

❷ 자기 이미지를 만들어라.

❸ 헤드라인을 달아라.

❹ 자신이 적임자임을 강조하라.

❺ 구체적인 경험을 바탕으로 작성하라.

❻ 참신한 문구로 시작하라.

❼ 입사 지원 동기를 구체적으로 밝혀라.

❽ 자신의 장점을 최대한 부각시켜라.

❾ 경력자의 경우 자신의 수행 업무를 강조하라.

❿ 자신의 포부와 비전을 제시하라.

〈참고: 『머니투데이』, 2002. 9. 25.〉

자기소개서를 쓴 다음, 크게 소리 내어 읽어 보자

자, 이제 자기소개서를 다 썼는가?

그렇다면 한번 크게 소리 내어 읽어 보라. 한 번이 아니라, 여러 번 읽어 보아라. 자신이 쓴 자기소개서를 읽다 보면 당신은 오자·탈자를 발견하는 것은 물론 문맥의 뜻과 깊이, 그리고 글의 흐름을 놓치지 않게 될 것이다. 리듬은 잠재의식을 건드리는 가점 요인이다. 이런 작업을 통해 당신은 항목별로 다시 검토해 볼 수 있다.

각 문장을 크게 읽어라. 그럴 때, 자신에 대해 확신이 생기기 시작한다. 또 이런 작업은 긍정적 사고를 유발한다. 이런 모든 현상은 반드시 당신의 이력에 강한 긍정적 효과를 불러일으킬 것이다.

자신의 이력서를 놓고 스스로를 인터뷰하라

읽는 과정은 수정으로 이어지고, 수정은 자신에 대해 보다 더 많은 것을 알게 해준다. 이런 훈련이 반복되어 최종적으로 입사 관련 서류가 완성되고 나면 당신은 그 내용을 줄줄이 꿰고 있을 것이다. 누구나 자기 이력서의 내용을 다 아는 것 같아 보이지만 사실은 그렇지 않다. 면접관들과 인터뷰하게 되면 잊어버리기 일쑤다.

당신에게 반복 훈련을 요구하는 것은 스스로 프리젠테이션할 수 있도록 하기 위해서다. 완벽한 내용 숙지는 기본이다. 그럴 때 예기치 않는 질문에 여유 있게 대답할 수 있고, 간단한 조크나 멋진 표현도 생각해 낼 수 있다.

이력서 상의 내용을 전부 꿰고 있다면 그만큼 자유롭다.

자, 그러면 이제 자기가 쓴 이력서를 놓고 인터뷰해 보자. 상대방이 무엇을 물어볼 것 같은가? 상대방은 이력서 상에 나와 있는 글자 자체를 묻는 경우는 없다. 누구나 행간의 의미를 묻는다. 숨은 이야기를 찾아내고자 한다(모든 면접관들은 숨은그림찾기와 같은 마음으로 질문을 한다).

가장 까다로운 질문을 스스로에게 해보자. 상대방은 당신이 가장 대답하기 어려운 질문을 해올 수 있다. 예컨대, 이런 식으로 말이다.

| 예상되는 질문 유형들 |

• 도대체 지금 있는 직장에서 옮기려는 이유가 뭡니까?

➡ 가장 흔한 질문 같아 보이지만, 생각하기에 따라서는 가장 까다로운 질문이다. 이런 질문에 해당하는 답변도 미리 생각해 두자. 그렇지 않으면 당신은 멈칫거

리게 되어 있다. 이런 질문은 수없이 많은 기출 문제 유형에 불과해 시험에 안 나올 것 같아 보이지만, 허를 찌르는 면접관이 반드시 있게 마련이다. 답을 반드시 준비해 두자. 상대방은 당신이 방심한 틈을 타서 기습해 온다.

● 지금 있는 회사에서 실적이 어떠했는지 말씀해 주시겠습니까? 실적이 별볼일 없어 보이던데(또는 실적이 꽤나 작아 보이던데) 말이죠.

➡ 상대방은 이런 질문을 할 때 말끝을 흐릴 것이다. 논쟁을 피하기 위해서다. 그렇다고 그가 당신의 답변을 대충 듣고 넘어갈 것이라고 생각해서는 오산이다. 신중하게 답변하라. 그가 돈을 연상할 수 있게끔 구체적인 수치와 내용으로 대답하라. 그는 속으로 '이 사람이다!' 이렇게 생각할 것이 분명하다. 그러나 너무 오버해서는 곤란하다. 그 이유는 당신이 더 잘 알 것이다.

● 지금 있는 곳에서와 달리 우리 회사에 오면 무엇을 할 수 있는지 구체적으로 말해 보시오.

➡ 이런 질문은 이제 상대방이 당신이 회사에 입사하게 되면 '구체적으로' 어느 정도 기여할 수 있는지 알고 싶다는 것을 의미한다. 면접시 질문의 핵심 사항이다. 그의 요청대로 '구체적으로' 대답하라. 앞서 이력서 작성시 지원 회사에 대해 파악한 모든 내용을 가지고 그 기업에 맞게 매출액, 영업 이익, 경비 절감 방안 등의 용어로 표현하라. 수치는 합리적이어야 하며, 어느 정도 전문 용어 사용은 전문가다운 인상을 풍길 수 있다. 상대방이 쉽게 알아들을 수 있도록 설명하라. 당신의 이력서가 편견과 선입견의 벽을 뛰어넘어야 한다고 말하는 것은 이런 취지다.

이런 질문 이외에 세부적인 '질문 리스트'를 만들어 스스로 질문하고 대답하라. 그러나 연습시 아파트 옥상에 올라가 어느 TV 광고에서처럼 엽기 토끼를 앞에 놓고, "네, 잘할 수 있습니다. 기회만 주십시오"라고 말해서는 안 된다. 그런 말은 끝날 때 하는 멘트다. 면접을 보면서 "네, 대충 일하겠습니다. 뽑든지 말든지 당신 좋을 대로 하세요." 이렇게 말할 사람은 아무도 없을 것이다.

글자들이 무슨 말을 하는가?

모든 이력서는 복기(復棋)를 필요로 한다. 이런 작업은 서류 검토 작업 이상을 의미한다. 당신이 살아온 사회생활이 그 안에 들어 있다. 처음으로 사회에 발을 내딛게 되는 신입사원일 경우에는 그가 느낄 설렘이 입사 지원서에 그대로 들어 있다. 또 이직 · 전직을 꿈꾸는 사람들에게는 그들의 기대와 바람이 고스란히 들어 있다.

한 장의 이력서는 결코 단순한 서류가 아니다. 그렇기 때문에 당신이 작성한 이력서를 들여다보는 것은 삶 자체를 되짚어 보는 것이다.

이 한 장의 서류를 통해 당신은 오래전 세상 바깥으로 나왔으며, 가정을 꾸리고 처자식(또는 남편)을 먹여 살리며 세상을 살아왔을 것이다. 거기서 당신은 밥과 하늘을 가릴 집을 구하고 미래에 대한 꿈을 키워 왔을 것이며, 인생의 중요한 시간을 보냈다. 누구든 자신이 쌓아 올린 경력은 살아온 시간이다.

이처럼 어느 인생에서도 중요하고 핵심적인 가치를 지닌 서류가 바로 이력서이다. 이력서를 쓰다 보면 결국에는 자기 자신을 발견하게 된다. 남는 것은 '자기'뿐이다. 더불어 그러한 자기 이력이 거쳐 온 수많은 세상 사람들과 만나게 된다. 이제 당신은 어디로 향하면 좋을지를 알게 된다. 삶의 많은 부분을 얻고, 잃은 다음에야 말이다.

지금 당신이 쓰고 검토하는 이력서에 들어가는 말이 진정 어떤 의미를 지니고 있는지 스스로에게 질문해 보라. "나는 누구냐?"라고 말이다.

이런 것은 인생에 대한 궁극적인 물음과 맥을 같이하고 있다. 이력서는 가장 현실적인 목적을 위해 쓰여지는 서류인 만큼 지금 우리는 1페이지 서류와 관련되어 새롭고 핵심적인 사항을 검토해 보아야 한다. 이력서를 보내기 전에 다시 한 번 냉정하게 서류를 들여다보자.

내 이력서의 모든 글자들이 무엇을 의미하는가? 다음의 원칙을 충실하게 답해 주고 있는가?

| 마지막 검토 사항 |

- 지원 회사에서 당신을 사게끔 이력서에 자신이 그렇게 표현되어 있는가? 당신은 스스로 그런 사람인가?

- 당신은 이력서에서 상대방이 당신을 뽑고자 할 때 관심 있어 할 바로 그 분야를 자기 것으로 충실히 표현해 냈는가? (관련 없는 것에 아무리 힘을 써 봐야 소용 없다는 것은 당신이 더 잘 알고 있지 않은가?)

- 단 1페이지에서 당신은 충분히 당신 고유의 맛이 나도록 당신의 이력을 제대로 배치했는가? 그 맛은 상대방이 좋아할 만큼 달콤한가, 아니면 스스로 맛보아도 쓰고 떫기만 한 맛대가리 없는 것인가? (분명한 사실은 콜라에서는 콜라 맛이 나와야 한다는 것. 만일 그렇지 못하면, 사실 코카콜라도 펩시콜라도 필요없어지게 된다. 그때면 두 회사 간의 경쟁도 사라진다.)

- 당신은 이력서에서 당신의 가치를 충분히 보여주었는가? 아니면 '무가치'를 보여주기 위해 살아온 사회생활이 표현되어 있는가?

- 당신 자신이 보기에 흡족한가? 부족한 부분이 보이면 이를 채워 나갈 다른 방도라도 세웠는가? 만일 그렇다면 그 계획을 이력서 옆에 한 줄로 정리해 보라. 그것이 바로 당신이 앞으로 만들어 나가야 할 이력서이다.

- 이제 당신의 이력서를 발송해도 되겠는가? 자신감이 서는가? 만일 그렇다면, 우편함에 넣거나, 마우스로 '편지 보내기(SEND)' 버튼을 눌러라. 이제 당신은 새로운 세상에 도전하는 것이다. 자기 일을 해나가며 결과를 기다려 보자. 특별히 긴장하거나 초조해 할 필요 없이.

읽히는 이력서가 아닌,
스캐닝되는 이력서가 되게 하라

인사 담당자들과 헤드헌터들은 이력서를 대하는 태도나 방법 면에서 분명히 다르다. 어떻게 다른가?

우선, 인사 담당자들은 이력서를 그대로 받아 둔다. 그들은 이력서를 받아 채용까지 간 서류는 인사 파일에 따로 보관하고, 나머지 탈락된 서류들은 한동안 보관해 두었다가 폐기 처분한다. 그 기간은 채 6개월도 안 된다.

6개월이란 기간은 채용한 직원이 중도하차할 때를 대비하기 위해 마련해 둔 백업 기간이다. 요즘에는 채용한 직원들의 이력서를 별도 관리하기 위해 스캐닝하거나, 아니면 전산 처리해 저장해 두기도 한다. 물론 그런 작업에 시간과 비용이 들어가므로 원본 그대로 보관하기도 한다.

대기업에서는 채용한 인력에 한해 중요도에 따라 A, B, C 등급으로 나누고 이를 더 세분화해서 핵심 인재들일 경우에는 S급 등으로 특별 관리도 한다. 요즘 화두인 '핵심 인재'는 철저하게 사람을 기업의 재산으로 보고 관리하는 시스템을 말한다. 관리만 하는 것이 아니라, 특별 프로그램을 가동해 지원한다. 대기업 내 일반적인 인력 관리 시스템이자, 이력서가 분리되고, 처리되는(많은 경우 폐기되는) 방식이 대체로 이렇다.

그렇다면 헤드헌터들의 경우에는 어떨까?

그들은 자신들이 직접 후보자에게 접근하는 경우나, 후보자가 헤드헌터 웹사이트를 방문했다가 'Open Position'을 보고 지원

할 경우에도 우선 보내 온 이력서를 가지고 먼저 작업에 들어간다. 그러나 임의로 보내 오는 이력서나 기간이 지난 이력서는 별도로 소팅(sorting)하기 쉽게 각 카테고리별로 분류해 보관한다. 예를 들어 '전산 경력'을 키워드로 치면 해당 경력자가 나오고, 여기서 다시 경력 '3년 이상' '대기업 출신'을 키워드로 치면 다시 분류되어 가용(可用)한 후보자 신상 명단이 나온다.

간략한 요약 파일을 보고, 이력서 원본을 보고 싶으면 서류를 찾거나(이런 경우는 거의 드물지만), 워드 파일이나 스캐닝된 이력서를 본다. 아니면 다시 보내 달라고 요청한다. 이때 이들은 보통 "업데이트된 내용이 있으면 보내 주시죠?"라고 말한다.

헤드헌터들의 경우에는 정보를 찾기 쉽게 하는 게 주목적이다. 아무리 훌륭한 이력서가 있다고 하더라도 찾지 못하면 아무짝에도 쓸모없으니까. 요즘에는 그것마저도 지원자의 손에 맡기는 경우가 대부분이다. 헤드헌터 사이트의 '이력서 등록' 메뉴에 나타나는 간단한 서류 양식은 입력하는 정보 그대로 분류될 수 있게 하기 위해 만들어진 프로그램이다.

당신이 보내는 이력서는 이런 절차를 거쳐 기업체 인사 담당자에게 전달되며, 채용 심사에까지 이르게 된다. 그런데 당신의 이력서가 어떻게 보관되든 궁극적으로 그 서류는 어느 누구와 만날 수 있도록 되어 있다. 그 사람이 바로 인사 담당자다. 어느 누구의 어떤 이력서든, 그의 눈이 10초 간 스쳐 지나가지 않은 이력서는 없다. 그는 1초를 더 할애해 본격적으로 읽을지 말지를 10초 내 결정한다.

그렇다면 이력서는 10초 내 얼마나 제대로 읽힐까?

이런 질문은 실제로 무의미하다. 최초 10초 간 당신의 이력서는 상대방에게 읽히는 서류가 아니다. 이력서를 든 순간, 상대방은 당신의 이력서에 나타나는 이미지, 능력, 적합성 여부를 스캐닝한다. 읽힌다는 표현보다는 스캐닝된다는 표현이 더 정확하다. 여기서 대부분 서류 심사의 80~90% 이상이 판가름 난다.

따라서 당신이 성공적인 이력서를 작성하려면 이 10초 동안 인사 담당자의 기억에 남게 할 수 있는 방법을 모색해야 한다. 다시 말해 당신에 대한 긍정적 잔상이 남게 해야 한다. 그래야 그때부터 당신은 그의 눈을 단 1초라도 더 당신의 이력서에 붙잡아 둘 수 있다.

사실 10초 내 이력서 판정은 신뢰성에 의문이 간다. 하지만 그를 탓할 이유란 없다. 가장 멋진 여자나 남자를 보았을 때, 당신도 그 짧은 시간에 이미지를 스캐닝해 받아들이지 않는가? 첫눈에 빠져드는 것은 아름다운 이성이나 이력서의 경우나 다 같다. 분석은 그 다음에 하면 된다.

그 어떤 이유를 대더라도 이력서는 10초 내 상대가 반해야 하는 서류임에 틀림없다. 그 시간 동안 살아남은 이력서가 다음 단계로 넘어간다. 물론, 다음 단계로 넘어가는 이력서가 되기 위해서는 내용이 충실해야 한다. 부실한 콘텐츠를 가지고서는 아무런 호소력도 가질 수 없으니까.

예컨대 '대기업 인사 교육 기획 경력 7년 이상, 최종 학력 석사 이상'이라는 자격 조건은 대기업 인재교육센터 같은 곳에서 석사, 박사 이상의 간부 또는 임원 (재)교육을 담당할 풍부한 경력자를 찾고 있다는 것을 예상케 한다. 이럴 경우 '중소기업 인사 노무 관리 경력 4년차'는 궁합이 맞기에 너무 많은 갭이 있다. 결국 스캐닝될 가능성 있는 후보자는 이런 경력의 소유자일 수 있다.

'대기업 인적 자원 부서 사내 교육 전담팀 팀장(경력 6년차), 최종 학력 석사 이수.'

상당히 접근한 이력서다. 그러나 사내 교육 전담팀에서 인사 기획 업무까지 수행했는지는 불명확하다. 이런 점을 이력서나 자기소개서에서 분명히 밝히지 않으면 상대방은 면접 때라도 반드시 물어볼 것이다. 만일 그가 원하는 대답이 당신의 경력에서 나오지 않는다면 당신은 새로운 곳을 찾아야 한다.

스캐닝은 다음 절차를 위한 것이라는 점을 명심해 두자. 그러나 우리는 어떤 경우라도 일단, 1차 서류에 통과하기 위해 세심한 준비를 하지 않을 수 없다.

| 경력 제안서 체크 포인트 |

- 처음 10초 동안 인사 담당자의 기억에 남게 할 수 있는 방법을 찾아내라. 거기에는 당신에 대한 긍정적 잔상이 남아야 한다. 그것이 단 1초라도 더 버는 방법이다. 그 1초를 더 벌기 위해서는 내용이 충실해야 한다. 부실한 콘텐츠를 가지고서는 어느 누구도 설득시킬 수 없다.

당신은 가끔 붕어도 상대해야 한다

미안한 얘기지만, 인사 담당자들이 똑똑할 거라고 생각하지 마라. 혹은 그가 당신을 기억해 줄 거라고 기대하지도 마라.

그들에게 당신은 어딘가 처박혀 있는 한 장의 서류에 씌어져 있는 이름에 불과하다. 그들은 붕어와 같다. 그들은 어떤 이력서든 그것을 보고 난 다음 3초 후면 잊어버린다. 심지어 뽑기로 한 사람의 이력서도 채용 파일에 집어넣는 순간 잊어버린다. 물론, 쓰레기통으로 들어간 이력서에 대해서는 전혀 기억에 없는 것은 당연하다. 나중에 전화하면 "어" "글쎄" "누구시더라"와 같은 말을 듣게 되는 경우가 다반사다. "아, 네에…" 이런 말을 듣게 되면 그나마 다행이다.

그가 어떤 식으로든 당신의 이력서에 볼펜으로 끄적거리거나, 접거나 해서 표시해 놓도록 해야 한다. 그것은 당신에 대한 기억을 도우며, 당신이 완전히 잊혀지지 않게 하는 방법이다.

사실 그들은 너무 바쁘다. 주요 업무가 인사 담당이면서도 '이력서나 한가하게 보고 있을 시간이 없는' 사람들이다. 그런 그들이 당신을 기억해 준다면 얼마나 기쁘겠는가? 마치 하늘에서 부름을 받은 것 같은 느낌이 들지 않겠는가?

신입사원 시절 누구나 이런 부름에 응한 경험이 있을 것이다. 그런 기쁜 마음으로 직장 생활을 해 보라. 그 느낌을 영원히 가질 수만 있다면, 당신은 신의 자리라도 지원할 수 있을 것이다.

그러나 '붕어'가 그들만일까? 가끔 가다 인사 담당자들이 전화하면, 지원자 본인도 지원한 사실을 까맣게 잊어버리고 이렇게 묻는 경우도 있다.

"제가 그런 곳에 지원했었나요?"

그러면 인사 담당자들은 황당해 하겠지만, 웃으면서 당신에게
자세히 알려 주려 애쓸 것이다. 그가 그렇게 나오는 건 당신이
뽑지 않으면 안 될 A급 인재이기 때문이 아니다. 속이 부글부글
끓어도 끝까지 참고 설명해 주는 건 당신을 뽑겠다고 위에 올린
보고서에 이미 OK 사인이 났기 때문이다.

그런 당신을 채용 계획에서 제외해 버리면, 당신 쪽에서 거절한
줄 알고, 상사는 담당자에게 이렇게 소리칠 것이다.

"이거, 어떻게 된 거야? 뽑은 사람도 놓치니 말이야!"

당신이 붕어가 되지도 말 것이며, 상대를 비참한 붕어로 만들지
도 마라. 지칫 잘못하면 둘 다 땅 밖으로 기어 나온 물고기 신세
가 된다.

게이트키퍼는 반드시 있다

어느 조직이든 내부를 들여다보면, 스스로를 필터(filter)라고 생
각하는 사람들이 있다. 대개 이런 사람들의 특징은 '네거티브
(negative)'로부터 출발한다는 것이다. 신중함은 부정적인 것과
같은 의미로 쓰이는 경우가 종종 있다. 이런 잘못된 상식이 문
제를 가져온다.

인간은 알고 보면 누구나 처음부터 긍정적이며, 호감을 갖고 상
대방을 바라보는 것만은 아니다. 일종의 경계 심리가 있다. 이

것은 동물의 특징이기도 하다. 주의와 경계, 탐색과 조사가 없었더라면 동물들은 생존하지 못했을 것이다. 영장류의 생존도 이같이 경계 심리 위에 근거한다.

회사란 곳은 모든 것을 다 까발리고 살 수 있는 공간이 아니다. 그런 만큼 세심한 주의를 기울여야 한다. 더구나 자기 조심과 무관하게 어디선가 날아온 돌덩이에 맞아 뒤통수가 깨지기도 하는 판이니 사주 경계는 필수적이다. 기업체 인사 담당자들과 인터뷰하던 중에 사적인 자리에서 매우 충격적인 말을 듣게 된 적이 있다. 경계를 풀고 털어놓은 그의 말은 실로 인간은 누구나 편견과 선입견에서 결코 자유로울 수 없다는 것을 보여주기에 충분했다.

"이력서가 너무 화려해서, 제껴 버렸어! 입사시켜 놓으면 꽤나 설쳐 대겠더라구!"

이처럼 모든 이력서는 인사 담당자의 편견과 선입견에 부딪친다. 그것은 마치 통겨져 나오는 공과 같다. 어느 바스켓에 들어가면 결정권자의 책상으로 가고, 어느 바스켓에 들어가면 쓰레기통으로 간다. 그런데 그 첫번째 결정을 실무 인사 담당자들이 하는 것이다.

문제는 바로 여기에 있다. 그들의 특징 중 하나가 웬만하면 그어 버릴 생각을 한다는 것이다. 당신의 이력서가 줄이 벅벅 그어져 쓰레기통에 버려진다고 상상해 보라. 도저히 참기 어려울 것이다. 그러나 이것은 이력서가 지닌 운명의 일부분에 불과하다.

기업의 속사정을 들여다보면, 당신의 이력서를 심사하는 진짜 담당자들은 오너이거나 주주여야 하지만, 그들은 항상 바쁘다. 게이트키퍼의 손을 거치는 이유가 이 때문이다. 하지만 그들의 업무가 부정적이라는 말은 결코 아니다. 그들이야말로 기업을 움직이는 가장 핵심적인 가치인 '사람'을 움직이는 사람들 아닌가. 인사는 그 어떤 일보다도 중요하다. 그들은 한편으로 당신의 '해석자'이기도 하다. 따라서 오해되는 일이 없도록 해야 당신은 그 관문을 쉽게 통과할 수 있다.

이력서를 보낼 때에는 언제나 잊지 말자. 언제든지 고용주는 '인재'를 찾고, 해당 부서는 지금 하고 있는 업무를 맡아서 '덜어 줄 사람'을 찾고 있고, 인사 부서는 '돌'을 찾는다는 것을 말이다.

정말 그런가? 그렇다. 왜냐하면 어느 '인재'건 그들의 특징은 기업가적 기질이 있거나, 재주 있는 사람이라는 점이다. 그들은 튄다. 그런 사람은 보수적 성향의 인사 부서에서 원하는 사람이 아니다. 요즘 얘기하는 '핵심 인재'는 사실 선을 넘지도, 미치지도 않는 일정 범위 내 규격화될 수 있는 인물을 뜻한다고 생각하는 인사 담당자들이 의외로 많다. 그들이 잘 쓰는 표현에 '무난하다'는 말이 지니고 있는 함축적이고 복합적인 의미가 바로 이런 뜻이다. 무엇에 '무난하다'는 말인가?

그렇다면 그들의 주장은 틀렸는가? 그렇지 않다. 그들도 나름대로 할 말은 있다.

튀는 사람은 조직 생활에 적응하지 못한다는 것이 한 이유다. 기업은 시스템으로 돌아가야지, 어느 한 개인을 돌보기 위해 존재하는 기관이 아니다. 충분히 일리 있는 주장이다. 그렇기 때문에 인사 부서는 돌과 같은 사람을 찾아 그들을 배에 채워 넣어 버리는 일을 하는 곳이다. 너무 가벼운 배는 바다로 갈 수 없다. 기업이 굴러가도록 하기 위해서는 돌도 집어넣어야 한다. 물론 유능한 인사 담당자들일수록 번쩍거리는 황금을 품은 원광석을 많이 채워 넣지만 말이다.

1페이지 이력서를 통해 그들에게 당신이 황금을 머금고 있는 돌로 비쳐진다면, 그것은 분명 당신의 능력이나, 인사 부서의 높은 안목 때문이기도 하겠지만, 때론 당신의 운이기도 하다. 어떤 이력서도 운과 분리되어 따로 돌아다니지 않는다. 아마 이력서에는 어떤 부적이라도 붙어 있는 것 같다. 당신이 들어가고자 하는 기업의 인사 담당자가 문을 열게 하라. 당신의 이력서는 1페이지 서류를 통해 반드시 그런 마력을 불어넣을 수 있어야 한다.

| 경력 제안서 체크 포인트 |

- '네거티브'로부터 출발하는 인사 담당자의 호감을 사라. 그들이 처음부터 그어 버릴 생각을 하지 못하도록 통과 방식을 달리하라. 강력하고 매력적인 내용으로 말이다.

- 인사 담당자들이 보았을 때 모든 이력서의 주인공들은 사실 '돌'에 불과하다. 누가 황금을 품고 있는지는 일을 시켜 보아야 알 수 있다. 당신의 이력서에 경력의 금가루라도 묻혀라. 그것이 뭔지 알고 싶은가? 바로 자기 계발을 위한 치열한 노력이다.

다이렉트 세일즈를 병행하라

보통 당신의 이력서는 몇 가지 유통 경로를 거치게 된다.

• 우편물(또는 e-mail)의 형태로 보내져 ➡ ①인사 부서 ➡ ②인사 담당자의 손 ➡ ③해당 부서(내부 조율용) ➡ ④결정권자의 손(물론 경우에 따라서는 쓰레기 통으로 바로 직행하기도 한다.)

어떤 경우에는 헤드헌터를 경유해 인사 부서 담당자의 손에 들어가기도 한다. 이런 일반적인 유통 구조는 당신이 누구냐에 따라 얼마든지 바뀌거나, 심지어 생략될 수 있다. 당신에게 뭔가 '다른 게' 있다면 말이다.

하지만 여기서 우리는 가장 매력적인 이력서 작성법을 고려하고 있으므로 '다른 방법'이 있는 사람이라면, 이 책을 덮어도 상관없다. 만일 그 방법이 '배경 있는' 것이라면 성공적인 이력서 전달법은 될 수 있지만 성공적인 이력이 시작된다는 것을 의미하지는 않는다.

특히 당신이 사회생활에 처음으로 뛰어드는 신입사원이라면, 이런 방식은 졸렬해 보일 수 있다. 지금은 누군가의 힘을 빌려 쓸 때가 아니다. 만약 그런 것이 있다면 먼 훗날을 위해 남겨 두어라. 당신은 훌륭한 이력서를 쓰는 법을 배워야지, 이력서를 성공적으로 전달하는 방법을 배워서는 안 된다.

당신은 스스로 뛰는 노력을 보여주어야 한다. 구직을 위해 사방팔방으로 신발이 닳도록 뛰면서 인생과 세상을 더 많이 알게 될 것이다. 그것은 취직 자체보다 삶에 더 큰 깨달음을 주는 경우가 종종 있다. 직장은 본질적으로 매너리즘을 가져온다. 들어가서 얼마 지나지 않아 곧 식상해진다. 회사에 쉽게 들어간 사람들일수록 성취의 어려움을 모르는 경우가 많기 때문에 이런 함정에 쉽게 빠져든다. 조직 내 승진의 에스컬레이터를 타더라도 세상에 대해 모든 경쟁력을 가졌다는 것은 아니다. 다만 유리하다는 얘기다.

당신이 아무런 배경 없이 그 회사에 들어가고자 한다면, 전략적인 이력서를 갖고 뛰어라. 자신에 대한 다이렉트 세일즈(direct sales)는 인생의 훌륭한 경험이 될 수 있다.

나는 오래전 외국에서 살 때 TV & Radio를 전공하고, 미국 NBC TV에서 프로듀서 보조로 일을 한 적이 있다. 영어도 유창하지 않은 내가 학생 신분으로 일자리를 얻게 된 것은 한사코 마다하는 편집 책임자를 끈기 있게 찾아다니며 설득해 낸 결과였다. 나는 그 일을 계기로 1년 뒤 쉽게 다른 메이저 방송사인 CBS FM/Inc.로 옮길 수 있었다.

항상 두드려라. 뜻이 있는 곳에 길이 있다. 당신의 인생 앞에 놓여 있는 모든 문을 손이 부서질 정도로 계속 두드려라. 그러면 당신의 이력서에는 피땀 어린 경력이 생기기 시작한다.

이력서는 보내 놓고 나서 마냥 하문(下問)만 기다리는 서류가 아니다. 어쩌면 당신의 이력서는 여러 부서를 돌다가 너무 잦은 패스 때문에 사라질 수도 있다. 중간중간에 체크하라. 그러나 채용 담당자가 짜증을 낼 정도로 귀찮게 전화를 자주 하면 곤란하다. 게다가 청탁성 발언으로 그를 곤경에 빠뜨려서도 안 된다. 그의 시간과 계획에 맞춰 한두 번 점검하고 자신의 기억될 만한 작은 점들을 알게 하는 것이 도움된다. 신입사원이라면 자신감, 의지, 젊음, 활달함, 긍정적 이미지를 보여주자. 이 모두가 직접 판매 마케팅 방법을 동원하는 것이다. 아무래도 더 '일하고 싶다'는 지원자에게 호감이 가는 건 당연하다.

만일 당신이 경력사원이라면 평소 가고 싶어한 회사 사람들과 안면을 익혀 놓는 것도 한 방법이다. 비즈니스는 사람과의 만남의 연속이다. 자주 만나다 보면, 그들은 당신을 알게 되고, 그것이 잡 오퍼로 이어지는 경우가 대부분이다. 그들이 원하는 것은 '믿고 일을 맡길 수 있는 사람'이다. 안면을 터라. 그러면 그들은 당신에 대해 더욱더 신뢰감을 갖게 될 것이다. 그런 점들이 그들의 머릿속에 당신에 대한 긍정적인 이미지를 심어 놓는다. 가끔 그들은 당신에게서 혁신적으로 사업 영역을 확대할 전략이나, 경쟁사를 제쳐놓을 대책들을 듣고 싶어한다. 묘책이나 방안을 들고 찾아가라. 그리고 자연스럽게 얘기하라. 그런 것이 자기소개서나 커버 레터에 들어가면 더욱 효과적이다. 그러나 현재 다니는 회사의 전략을 발설하는 우(愚)를 범하지는 말자. 만일 당신이 그런 짓을 한다면 그들은 결코 당신을 신뢰하지 않을 것이다.

만일 인사 담당자들이 심드렁해 하거든 어떤 식으로든 임원들을 만날 수 있는 기회를 가져라. 그들의 고민은 바로 그런 것일 테니까. 하지만 명심하라. 그들은 거저 임원이 된 게 아니다. 예리하고 노련하다. 얼마든지 사람을 치켜세우며, 자기 낯만 세울 수 있다는 사실을 기억하자.

자기 자신에 대한 다이렉트 세일즈는 매우 중요한 프리젠트 방법이다. 그것은 자기를 브랜드화 하는 노력의 일환이다. 어차피 남들이 나를 해당 업계의 신화로 만들어 주지 않는 이상, 당신은 스스로 자기를 잘 관리하고, 포장해 드러내야 한다. 겉만 화려한 공작새의 깃털 같은 이력이 아니라, 명백하게 실력으로 보여주어야 한다. 인적 시장에 실적 없이 유능해진 사람은 없다.

얼마 전 국내 유력 일간지 1면에 CEO 포지션 공고가 나간 적 있다. 가로 3cm, 세로 4cm의 작은 광고였지만, 그 안에는 그 회사가 원하는 사람이 누군지 명시되어 있었다.

"영업을 확대시킬 수 있는 유능한 분."

더 이상 무슨 말이 필요할까? 이 회사는 매출을 획기적으로 증대시킬 사장감을 찾고 있는 것이다.

비슷한 예로는 이런 잡 오퍼도 있을 수 있다.

"포지션: Sales Director. 직위: 이사, 상무. 담당 업무: 금융권 영업 총괄 담당. 경력 요건: 금융권 대상으로 관련 제품 경험자로 확실한 거래처가 있어야 함. 어학: 필수 아님. 연봉: 협의."

이런 구인 광고가 의도하는 바는 명확하다. '확실한 거래처'를 가지고 매출을 보장할 수 있는 사람이라면, 연봉이든 직위든 다 협의할 수 있으며, 어학마저도 중요치 않다는 것이다.

이보다 더 분명한 제안은 없다.

기업도 이렇게 잡 오퍼를 직접적으로 하는데, 하물며 성공적인 이력을 갖고자 하는 당신이 취해야 할 방식은 더욱 분명하지 않을까?

당당하게 뛰어라. 구직을 하는 당신을 비웃을 사람은 없다. 만일 그런 당신을 비웃는다면, 그들이야말로 세상 무서운지 모르는 얼간이들이다.

얼마 전 유행한 '노 네임(no name)' 이력서를 뿌린다면, 누가 당신을 떳떳하게 보아 주겠는가? 얼굴 없는 인간? 투명 인간은 어느 회사에도 필요없다.

어떤 좌절에도 떳떳하라. 지금 당신을 채용하는 업무를 맡고 있는 인사 담당자도 살아남기 위해 안간힘을 쓰고 있는 한 사람의 불쌍한 직장인에 불과하다고 생각하라. 삶의 진지함에 결례하지 말고, 자신을 알리고, 남들의 말을 일상에서 계속해서 들어라. 자신에 대한 세일즈는 일상 업무에서 지금 진행중이다.

| 경력 제안서 체크 포인트 |

- 자기 앞에 있는 문을 손이 부서질 정도로 계속 두드려라. 그렇게 할 때 당신의 이력서에는 피땀 어린 경력이 생기기 시작한다.

- 이력서를 보내 놓고 나서 중간중간 체크하라. 인사 담당자의 시간과 계획에 맞춰 점검하고 기억될 만한 당신의 특기와 장점을 알리는 것이 도움된다. 그들의 머릿속에 당신에 대한 긍정적인 이미지를 심어 놓는 일이 바로 이것이다.

- 커버 레터를 잘 활용하라. 혁신적인 사업 확대 전략이나, 경쟁사 극복 방안 같은 것은 주목을 끈다.

맞춤형 이력서로 승부하라

모든 이력서에는 고객 지향의 상품 카탈로그, 타깃 고객이 있다. 이력서를 쓰는 명백한 이유는 일자리를 얻기 위해서이다. 어느 누군가는 당신의 이력서를 보고 고개를 끄덕일 수 있어야 하며, 당신에게 만나자고(면접을 보겠다고) 할 수 있어야 한다. 나아가 당신의 모든 노력은 최종적으로 채용으로 이어져야 한다.

만일 이 3박자가 잘 맞지 않으면, 당신의 이력서는 휴지통으로 직행한다. 당신의 이력서를 이렇게 휴지조각처럼 취급하는 인사 담당자가 있다면, 면상을 날려 주고 싶을 것이다. 그렇지만 그는 멀리 있다. 그렇다면 그런 일이 발생하지 않도록 당신이 취할 효과적인 방법이라도 있는가?

물론 있다. 당신은 최소한 이력서가 이렇게 홀대받지 않도록 할 수 있다. 이력서를 제대로 씀으로써 이런 상황을 어느 정도는 피해 나갈 수 있다. 그렇다면 어떻게 해야 할까? 바로 '맞춤형 이력서로 승부하라'는 것이다.

사실, 이력서는 인적 시장에서 구매자와 판매자를 잇는 매개 수단에 불과하다. 따라서 처음부터 거절되는 이력서가 되지 않기 위해서는 고객에 맞춰 주문형으로 만들어져야 한다. 그래야만 그들이 할애한 10초를 확 잡아끌 수 있다.

어느 이력서든지 자신이 지원하는 회사에 맞춰 개별화, 차별화 시키지 못한다면, 당신의 지식과 경험은 오랜 경험에도 불구하고 상품성을 의심받게 될 것이다. 모든 인사 담당자의 입맛에 맞게 만들어져야 입을 벌린다(헤드헌터들도 마찬가지다). 지원 회사에 맞게 맞춤형 이력서를 만들어야 자신의 브랜드 가치를 제대로 인지시킬 수 있다. 이런 쌍방향 커뮤니케이션이 원활히 이루어지려면 이 한 장의 서류가 맡게 될 역할은 크다. 그러기 위해서는 사전에 준비해야 할 것이 있다.

| 이력서 작성시 사전 준비 사항 |

❶ 지원하는 회사를 면밀히 분석하라. 당신은 지원한 회사가 하고 있는 사업 내용을 알아야 한다. 이런 작업은 지원 회사에 맞는 버전의 이력서를 만듦으로써 성공적인 취직 가능성을 훨씬 더 높여 줄 것이다.

❷ 지원 회사가 갖고 있는 문제점을 보아라. 바로 그런 문제가 그들이 당신의 이력서를 보게 만든 이유라는 것을 알자. 고용은 누군가가 어떤 문제를 해결해 주기를 바라기 때문에 창출되는 것이다. 스스로 그런 문제를 해결할 만한 능력이 있는지 살펴보아라. 당신은 그런 역할을 위해 채용된다.

❸ 자기 포지션이 무엇인지를 드러내라. 자기의 경험, 이전 직장에서의 직위 및 직급, 맡았던 업무 등에 대한 충분한 자기 평가는 지원 회사에 맞게 자기 포지션을 설정할 수 있도록 도와준다. 어떤 구인 공고도 비유컨대 '야구 잘하는 사람 모집'이란 식으로 제시하지 않는다. 그들은 구체적으로 '외야수' '내야수' '투수' '코칭 스태프' 등으로 특정 직무를 수행할 사람을 찾는다.

❹ 자신이 지원 회사에 힘이 될 수 있다는 사실을 확실히 드러내라. 그것도 채용과 동시에 즉각적으로 약효가 드러나도록 해야 한다. 특히 경력자는 배워서 하겠다는 식의 표현은 금물이다. 당신은 이미 자신을 경력자라고 밝히지 않았는가? 이 점을 명심하라. 신입사원의 경우라면, 이런 표현을 할 때에는 애교 정도로 끝내라. 너무 떠들면 당신은 회사가 아니라, 동아리에 지원한 꼴이 된다.

❺ 당신이 회사에 해줄 수 있는 게 무엇인지를 그들로 하여금 알게 하라. 당신은 우수한 셀프 마케터(self marketer)여야 한다. 당신은 기업과 공생을 유지하기 위해 능력을 갖춘 개인 기업이라는 것을 보여주어야 한다. 상대방은 그런 점을 보고 싶어한다. 회사를 위해 당신이 얼마나 벌어다 줄지 말이다. 그렇다고 "나는 1인 기업가입니다." 이런 표현을 구태여 쓸 필요는 없다.

모든 이력서는 커스터마이즈(customize)되어야 한다. 자신의 특기, 장점 및 차별화 포인트를 패키지하고, 각각의 고객에 맞게 달리 접근해야 한다. 한마디로 각개격파 방식. 즉 그 회사가 사고자 하는 가치를 당신의 이력서가 제시하는 식이다.

당신은 그들이 단지 10초만 할애할 뿐이라고 불만을 터뜨리겠지만, 기업에 날아드는 이력서는 1년에 한두 장이 아니며, 그 일만 전담하는 사람이 별도로 있을 정도로 일이 폭주하고 있다는 사실을 알아야 한다. 10초는 '쓱' 보는 데만 그렇다는 것이다. 당신의 면접을 어레인지(arrange)하는 데 그들은 최소한 10초 이상을 쓴다. 유감스럽게도 그들이 함량 미달의 이력서가 쌓인 쓰레기통을 비우는 데도 10초 이상 걸릴 것 같지 않은가?

사람 잡는 일, 사람 홀리는 일

얼마 전 P그룹 김일선 과장은 모 유력 일간지에 실린 외국계 회사 컨설턴트직에 지원했다. 대기업 출신으로 몇몇 제조업체에서의 경험이 있는 김과장은 자신의 경력을 컨설턴트직으로 전환하고 싶었다. 그 일이 자기 지식을 충분히 발휘하면서도 보다 나은 직장을 찾는 길이라고 생각했기 때문이다. 한마디로 성공적인 커리어 패스를 고려한 셈.

그 회사의 인터넷 홈페이지를 찾아 들어가 보니, 지원 회사의 사업 영역은 실로 매력적이지 않을 수 없었다. 부동산 컨설팅, 금융 컨설팅, IT컨설팅을 망라하는 세계적인 다국적 기업이었다. 김과장은 의욕에 가득 차 최소 연봉 6만 달러 이상의 희망 연봉을 적고, 3개 사업 분야의 한국 시장 진출 계획서까지 영문으로 작성해 서류를 디밀었다.

얼마 후 서류 심사에 통과했다는 연락이 왔고, 프리젠테이션 준비를 해오라고 했다. 그러나 막상 가서 보니, 그 일(job)은 ISO 9000 인증 관련 영업 업무에 국한된 것이었다. 컨설팅 업무라기보다는 지방 공장을 일일이 쫓아다니며 영업을 하고 기본급에 업무 성과급을 플러스로 받게 되는 식이었다. 본사에 알아보니, 자기네는 ISO 9000 관련 인증 영업만 동남아시아 지사에 허용했고, 기타 다른 영역의 업무에 대해서는 전혀 협의한 바조차 없다는 것이었다.

그는 실로 낭패감을 맛보지 않을 수 없었다.

김과장의 경우에는 지원 회사가 원하는 것이 뭔지 제대로 알지도 못하고 결국 시간을 낭비한 셈이 되었다. 동남아 지사의 한국 사무소 개설 목적을 정확하게 파악하지도 못하고 본사의 사업 영역만 미루어 짐작했기 때문에 범한 실수였다. 게다가 분명하지도 않은 광고에 홀려서 말이다.

이런 문제는 이직·전직시 종종 나타나는 사건·사고다. 이때 먼저 꼼꼼히 점검할 사항이 있다면 지원 회사가 제시하는 일이 자기한테 맞느냐는 것이다. 인생의 3분의 2 이상의 시간을 우리는 직장에서 보낸다. 그 시간 동안 당신은 자기가 생각했던 일을 찾아 할 수 있어야지 무턱대고 '아무 일이나 닥치는 대로' 해서는 안 된다. 물론 경력직의 경우에는 그동안 쌓아 왔던 일 때문에 경력이라는 것이 생겨서 그 방향으로 가게 될 확률이 높다.

이직하려고 할 때에는 자신이 맡게 될 업무가 무엇인지부터 먼저 파악해야 한다. 또 목표를 명확히 세워야 한다..이 직장에서는 이 정도를 얻겠다는 분명한 자기 계획이 있어야 한다. 시간 투자 수익률을 따져 보라는 얘기다.

대기업 내지 연봉 조건이 좋은 외국 회사라서 이직하는 것이 아니라, 본인이 원하는 직무이거나 자기 능력을 향상시킬 가능성이 있기 때문에 이직해야 한다. 이것은 커리어 업그레이드의 기본이다. 만일 이 일에 소홀하게 되면 당신은 경력 10년차의 신입사원으로 새로운 일을 시작하게 되거나, 아니면 회사에 다니는 동안 일이 지겨울 정도로 싫을 것이다. 직장이 지옥만도 못해서야 되겠는가? 그것만큼 불행한 일은 없다.

자기 업무를 알아라. 그것이 비단 이력서를 쓸 때에만 알아야 할 사항은 아니다. 자기 이력을 꾸준히 개발해 나가기 위해서라도 반드시 알아야 할 필요가 있다. 인생은 왜 두 번 공연하는 연극 같은 게 아니냐고 투덜거리지 않기 위해서라도 이력에 후회

되지 않을 의미를 부여해야 한다.

| 경력 제안서 체크 포인트 |

• 이직시에 우선적으로 고려할 사항은 지원 회사가 제시하는 일이 자기한테 맞느
   냐는 것이다. 이직할 때에는 자신이 맡게 될 업무가 뭔지 그것부터 먼저 파악해
   야 한다. 이것이 커리어 업그레이드의 기본이다.

잘나가는 네트워크를 만들어라

인적 시장을 움직이는 변치 않은 메커니즘이 있다. 다음은 당신
에게 계속 따라붙는 원칙 중의 원칙에 해당된다. 가장 보편적인
조건 준수가 성공적인 커리어로 이어진다. 또 훌륭하게 이직 ·
전직의 기회를 가져온다. 다음을 주목해서 읽어라.

| 구직과 관련된 가장 일반적인 사실 |

❶ 일은 대부분 남들에 의해 제시된다(정말 그렇다!).

❷ 업무상 만난 사람들은 같은 일을 새롭게 제시할 확률이 높다(아이디어는 바로
   여기에서 얻어진다).

❸ 업무와 유관한 모임이나 단체에서 친분을 쌓은 사람이 당신에게 전화를 걸어올
   수 있다. "같이 일해 볼 의향이 있냐?"고. 아니면, "이런 데가 있는데…"로 시작
   되는 제의가 들어올 수 있다(이런 것을 '러브 콜'이라고 하던가?).

❹ 경력 관리는 멀리 있는 것이 아니라, 자신이 현재 하고 있는 업무 분야에서 최
   대한 효과를 이루어 낼 때 만들어진다(너무나 지당한 얘기다).

❺ 부단히 노력하는 사람은 반드시 주변의 시선을 끌게끔 되어 있다(인류가 존재하는 한 변함없는 진리).

❻ 당신은 홀로 선 나무가 아니라, 움직이는 사람이다. 관계를 맺어야 한다. 가능하면 '좋은 관계' 말이다. 당신은 그것이 불러들이는 마술과 같은 힘을 언젠가 알게 될 날이 올 것이다('그날'을 만들어라, 지금 당장 말이다).

황금률을 생각해야 성공률이 높아진다

미술에서 흔히 얘기하는 황금률은 사실 이력서 상에도 그대로 적용된다. '70%는 내용, 30%는 포장'이라는 말로 설명될 수 있다. 이른바 이력서 작성의 황금 분할 원칙이 바로 이것이다.

자, 그렇다면 황금 빛깔을 띤 이력서를 만들기 위해 당신이 해야 할 일은?

| 이력서 황금 분할법 |

❶ 인사 담당자라는 '고객'을 먼저 만나 보아라.

❷ 그 고객의 시간과 관심에 맞춰라. 그러나 함부로 그의 스케줄에 끼어들려고 하지는 말자. 그러면 당신은 스토커로 오인받을 수 있다.

❸ 영리하게 자기를 알려라. 알리는 방법을 알아보자. 그것이 바로 자기 마케팅 기법이다.

❹ 능력, 인성, 가능성 등 여러 각도에서 자신을 잘 보이도록 하라. 당신은 지금 단체 사진 촬영장에 서 있다. 노출 효과가 클 때 당신의 이력서는 성공 확률이 높아진다.

❺ 객관성을 표방하라. 사람은 결코 객관적이지 않다. 그러나 가능한 모든 스킬을 이용해 자신의 주관적 평가를 객관화시킨 것으로 보이게 하라. 이 부분에 관해서는 헤드헌터들의 도움을 받아라. 유능한 헤드헌터는 당신의 이력서를 값나가는 서류로 다듬어 주는 능력의 보유자들이다. 유능하고, 자기 시간을 고객 관리 차원에서 할애하는 사람들을 찾아라. 이때 물론 당신의 '내용'이 풍부해야 하는 것은 두말할 나위 없다.

❻ 차별화하라. 비슷비슷해서는 사망에 이른다. 어떤 이력서는 당신을 죽이기도 한다. 단 한 장을 통해 승부를 내려면, 결국에는 상대방의 주목을 끄는, 그의 시간을 잡는 방법밖에 없다.

❼ 겸허하고, 진솔하라. 그들은 결국 사람을 뽑지, 이력서를 뽑는 것이 아니다. 당신 자신이 바로 이력서에 표현되어 있는 바로 '그 사람'이어야 한다.

❽ 내용을 70%로 인식하고, **나머지** 30%는 포장 방식이다. 포장하는 법을 연구하고 이를 따르자. "때 빼고 광내라"는 이 중 하나다.

완벽한 사람 없듯, 완벽한 이력서 없다

어떠한 이력서도 결코 완벽할 수 없다. 이력서가 완벽하지 않다는 얘기는 사람이 그렇다는 얘기다. 이는 완벽한 상품은 없다는 말과 같다. 왜 그런가? 적어도 이력서 상에 나타나는 당신은 누군가에게 '상품'으로 인식되기 때문이다.

완벽한 이력서가 될 수 있는 조건은 상대방의 경험과 직감에 닿을 내릴 때에만 가능해진다. 그러나 당신의 경험은 상대방과 같을 수 없다. 만일 인사 담당자의 기대에 못 미치는 이력서가 있다면, 그것은 결국 쓰레기통에 처박힐 게 뻔하다.

구인 광고는 그것이 찾고자 하는 이력서가 분명 따로 있다. 마치 기업체 RFP(Request For Proposal, 제안 요청서) 같다. 기업은 거기에 맞춘 모범 정답을 제출하는 후보자를 원한다. 특히, 기업체 요구 조건에 따라 사람을 찾는 헤드헌터들일수록 '정답'을 찾고자 부단히 애를 쓴다.

하지만 안타깝게도 완전한 짝을 찾으려는 당신의 시도는 무위로 끝날 수밖에 없다. 세상에는 그런 사람이나 직장은 없기 때문이다. 당신도 그렇지 않았었는가? 따라서 어느 정도 조건을 충족시키는 것으로 만족해야 한다. 어떤 완벽한 파트너도 당신이 채용이라는 마술을 걸 상대와 함께 춤을 출 때에만 완벽에 가까워진다. 서로간에 입맞춤이 없으면, 야수는 결코 인간이 되지 못한다.

만일 당신이 인사 담당자라면 지원자가 자기 상품에 투자하는 것 정도는 배려해야 한다. 그럴 때 그는 당신이 원하는 인력으로 거듭난다. 미녀의 입맞춤 같은 것이다.

이것은 지원자의 경우에도 마찬가지다. 스스로 '자기'라는 사회적 가치를 지닌 상품에 투자해야 하는 것은 당연하다. 자기 계발, 혁신, 끊임없는 정진에의 노력 등으로 상징되는 말들이 모두 이런 것을 설명하기 위한 용어다.

당신은 향상성을 필요로 한다. 그것이 가장 매력적인 RFP에 맞춰 자기 경력 제안서를 쓸 수 있는 비결이다. 향상시켜라. 이력서는 단순히 어느 한두 가지 요인(factor) 때문에 쓰는 것이 아니라, 삶의 향상성을 추구한다는 차원에서 쓰고, 또 읽혀지는 서류다.

팔겠다는 사람의 열정을 크게 보아라. 그 열정이 금방 식어 버릴 것인지, 오랫동안 지펴질 것인지 그것을 보아라. 만일 후자라면 회사는 가장 성실한 일꾼을 맞아들이는 것이다.

어찌 보면 그들은 당신을 사는 것이 아니라, 서로간의 결합을 원하는 것이다. 서로의 결합은 이미지로부터 출발한다. 솔직히 말해 부분적으로 서로의 판단을 속이는 행위이기도 하다. 어느 정도의 불만족은 반드시 드러나게 되어 있다. 회사와 직원 간의 관계가 부부관계보다 더 강하다고 생각한다면, 신혼부부의 25%가 결혼 후 3년 내 이혼한다는 사실을 떠올려 보자.

회사가 당신에 대해, 당신이 회사에 대해 할 수 있는 것은 서로 상대를 완벽하고 유일한 파트너로 인식하지 않는 것이다. 있을 수 있는 흠도 받아들여라. 어느 누구도 상대에 대해 지나치게 요구하거나, 아예 요구하지 않는다면 그 관계는 끝나게 되어 있다. 물론 투덜거리거나, 다른 상대자를 자꾸 쳐다보는 경우에도 마찬가지다.

경력 제안서는 자신의 가장 최선을 보여주는 서류다. 고객을 통해 자기를 창조하기 위해 만드는 제안서다. 인사 담당자들은 이 점을 명심해야 한다. 어떤 이력서 중에는 전혀 멋을 내지 않았어도 자기를 가장 잘 드러내는 서류들이 있다는 것을. 만일 이 점을 10초 내 파악해 내지 못한다면, 회사에 비치된 이력서는 분명 인사 담당자가 집어든 가장 최악의 이력서일 게 분명하다.

- 완벽한 이력서란 상대방의 경험과 직감을 완전히 만족시켜 주는 서류이다. 그러나 대부분의 현실에서는 어느 정도 조건을 충족시켜 주는 것으로 만족하라. 그것만으로도 당신은 이미 목적을 이루었을 테니까.

- 지원자는 '자기'라는 상품에 지속적으로 투자하라. 당신은 향상을 필요로 한다. 모든 면에서 매일 매일 향상시켜라. 이력서는 단순히 어느 한두 가지 이유 때문에 쓰는 것이 아니라, 자기에게 투자하기 위해 작성하는 것이다. 역설적으로 자신에게 제출하는 제안서이기도 하다.

이력서는 저작권 보호를 받는 창작물이다

여기서는 한 가지 사실만 분명히 하자. 이력서는 저작권 보호를 받는 창작물이다. 그렇다고 저작권 보호를 받기 위해 열람, 전송, 복사, 복제 등을 금할 수는 없다. 그것은 이력서를 작성하는 목적과도 배치된다.

이것은 피할 수 없는 일이다. 그러나 단 한 가지. 누구도 당신의 이력을 대신할 수는 없다. 바로 이 점을 분명히 하자. 그것이 바로 당신에게 일할 권리를 주는 진정한 저작권일 테니까. 이런 사실을 알았으면, 진정으로 당신의 이력서가 보호받기 위해 필요한 자가 조치를 취하라. 그게 무엇인지 이제 당신은 알았을 것이다. 당신의 이력서 안에 비어 있는 자리를 만들 수 있는 능력을 불어넣어라. 강력하게 당신을 프리젠테이션함으로써 말이다.

10초 전쟁의 승리자가 되자

직장인이면 누구나 한번쯤은 써 보았을 서류. 직장을 새로 잡거나, 직업을 찾고, 바꾸려 할 때 쓰는 문서. 이것은 무엇일까?

바로 이력서다. 이력서는 당신이 평범한 직장인이건, 유명한 전문 경영인이건, 커리어를 시작하면서 써 보았을 가장 일반적인 서류임에 틀림없다.

하지만 이제 이 같은 이력서는 변화하는 시대에 맞춰 그 명칭부터 달라져야 한다. 이제는 '이력서'를 대신해 '자기 경력 제안서'의 시대가 펼쳐지고 있다. 이제 '이력서'는 시대에 뒤떨어진 명칭과 사용의 협소함 때문에 스스로 환골탈태해야 할 운명에 놓여 있다. 과거처럼 단순히 취직용이 아니라, 자기 커리어 매니지먼트, 커리어 패스나 플래닝을 위해 쓰여져야 할 '자기 경영을 위한 제1호 서류'가 되고 있는 것이다.

또 과거처럼 비전문가가 쓰는 것이 아니라, 전문가의 손을 거쳐야 하는 서류로 거듭나고 있다. 지금까지 '이력서'에 대해 우리가 알고 있는 지식은 매우 편협했다. 그러다 보니 스스로 특별한 검증과 자기 계발 과정 없이 그냥 '자기'가 쓰면 되었고, 이것이 관례가 되어 왔다.

하지만 '경력 제안서'로 거듭나는 시대의 이력서가 예전처럼 그렇게 단순하기만 할까? 그렇지 않다. 이 1페이지 서류는 당신의 사회생활에 영향을 주고받으며, 상호 작용하는 데 결정적인 영향을 행사한다. 직장을 잡고자 작성하는 것은 '경력 제안서'의 주요 기능의 하나일 뿐이다.

따라서 이제는 '이력서'에 대한 생각을 바꿔야 한다. 예를 들면 아직도 많은 사람들이 이 한 장의 서류가 얼마나 사색적일 수 있는지조차 모른다. 이것은 각자가 알고 있는 사회생활에 대한 지식의 정도에 비례하기도 한다.

누구나 알다시피 인생에서 몇 안 되는 가장 중요한 서류 중의 하나가 바로 이력서다. 더구나 출생증명서나 사망증명서 또는 온갖 종류의 자격증, 신분증, 보관증, 등본 등과 달리 이력서는 자신이 직접 쓰는 서류이기도 하다.

어디 그뿐인가? 성공적인 구직의 70%가 이 한 장의 서류에 달려 있기도 하다. 10초 내 첫 만남으로 면대면으로 만나야 할지 가부가 결정되는 서류인 만큼 이력서는 잘 작성되어야 한다. 당신이 살아남기 위해선 말이다. 이를 위해 당신은 자신을 제대로 알리는 것이 무엇보다 중요하다. 그렇기 때문에 이력서를 '자기 경력 제안서'라고 부르는 것이다. 간결하고, 쉽게, 지원 회사의 요구에 맞게 진정한 자기 가치를 프리젠트(present)하는 것이 무엇보다 중요하다.

이제 당신의 '경력 제안서'는 인적 시장에서 10초 동안 당신을 대신해 전초전을 치르게 될 것이다. 따라서 이 1페이지 서류 내에 자신의 능력과 경험이 인사 담당자의 감응을 유발할 수 있도록 적당한 장치들을 배치해야 한다. 그것을 상대방이 인정하고 받아들일 수 있도록 말이다. 이것이 누구나 다 아는 성공적인 취직 관문 통과의 비결이다.

물론 이 전쟁터에서 당신의 '경력 제안서'가 살아남기 위해서는 철저한 생존 전략이 들어가야 한다. 그것은 한 장의 서류가 가진 생존력 이상으로 자신의 생존 전략이자, 조건이 되기도 한다. 결국 이 서류에는 당신이 어떤 삶을 살겠다는 새롭고 핵심적인 전략이 지금까지 쌓아 온 경력 위에 들어가야 하니까.

세상에는 계속 성장하는 경력 제안서가 있다. 그런 경력 제안서들은 어떤 것일까? 당연히 하나같이 10초 전쟁을 승리로 이끈 서류들이다.

하지만 이것이 서류들만의 싸움일까? 그렇지 않다. 거기에는 '당신'이 있다. 그러므로 당신을 알리는 이 공식적인 서류를 통해 자기 프리젠테이션을 제대로 하라는 것이다. 그것이 바로 강력한 경력 제안의 출발점이다.

이제부터는 과거의 매너리즘에 빠진 '이력서'가 아니라, 당신의 핵심적이고 전략적인 '경력 제안서'를 써서 보내라. 머뭇거리는 상대방을 결정적으로 흔들어 놓을 수 있는 승리의 전략이 담긴 '경력 제안서'를 보내라! 그런 자신을 1페이지 서류에서 발견하는 것이 무엇보다도 중요하다.

당신이 이 책을 통해 얻는 것이 있다면 바로 자기 확신이어야 한다. 이 책의 취지는 당신의 성공적인 경력 계발과 관리 능력, 그리고 강한 실천력을 요구한다. 당신의 새로운 경력에 승리가 함께하길 바란다.

10초 내에 승부하라

2003년 9월 15일 초판 1쇄

지은이	전경일
펴낸이	김민홍
펴낸곳	매경출판(주)
등 록	2003년 4월 24일 (No. 2-3759)
주 소	우) 100-728 서울 중구 필동 1가 30번지 매경미디어센터 3층
전 화	02) 2000-2610~2 (기획팀)
	02) 2000-2645 (영업팀)
팩 스	02) 2000-2609
이메일	publish@mk.co.kr

ISBN 89-7442-267-0
값 9,800원